幸せになるための心身めざめ内観

心理カウンセラー・医学博士
浄土真宗本願寺派僧侶　元ハワイ開教区開教使
Sengoku Mari
千石真理

佼成出版社

はじめに

心ってどんなものでしょう。形は？　色は？　匂いは？　手に取って、眺めることはできますか？　いいえ。誰も心を実体のあるものとして、見た人はいません。けれど、誰もが心を持っている、ということを否定する人はいません。

風はどうでしょうか？　風はどんな形をしていますか？　色や匂いはありますか？　触ってみることはできますか？　風も心と同じ。色も形もなく、目には見えません。けれど、私たちは風が確かに存在して、動いているのがわかります。風が吹いて、木の葉をそよそよと動かしたり、私たちの頬を撫でたりするからです。

心も目には見えなくても、心の在り様は、はっきりとした形となって、見て取ることができます。思いやりのある優しい心は、その人の笑顔となって現れます。そして、「ありがとう」と人に感謝の言葉を告げる、困っている人に手をさし伸べるなどの、実際の行動となって現れます。その一方で、心が悲しみに満ちている人は、口角が下がり、眼には憂いを秘め、言葉数も少ない。いかにも暗い印象を他人に与えるでしょうし、怒りや嫉妬、憎しみで燃え盛った心を持つ人は、その瞳の奥に暗い焔《ほのお》が見えるのです。そして、その焔が、争いや犯罪を引き起こす元となります。心も風と同じで、姿や形がない。けれど、確かに働いて、いろんな現象を起こしています。

　私たちの心がネガティブな思いに支配される時、心の窓は閉ざされます。部屋の窓を閉め、長い間引きこもると、部屋の中の空気はよどみ、重苦しくなりますが、心に問題を抱えた人は、窓が閉まっていることにすら気づかない場合があります。現在日本でうつ病を患う人は一〇〇万人を超えると言われています。うつ病は再発しやすい病気ですが、その再発の原因は独自のものの見方にはまってしまい、客観的にものごとを見ることができなくなっているのが大きな原因のひとつです。

　いわば、心の窓を閉め切ってしまい、濁った空気しか循環しなくなってしまっているのです。うつ病に限らず、私たちは社会生活を続けている間に、自分なりの考え方や習慣を身に着けて生きるようになります。それが歪んだり偏ったりしている場合は、それが原因で、同じ失敗を繰り返す、あるいは人間関係のトラブルの原因となります。

　そして、自分に、問題の元となっている、ものの見方の癖や、歪《ゆが》みがあることにすら気づかない人がたくさんいます。そして、失敗や問題が起こるたびに、その原因を他人のせいにしたり、自分はなんてダメな人間だと落ち込んでしまうのです。これでは、幸せになることはできません。

同じ人生、同じ一日なら、誰もが爽やかに、満ち足りた、幸せな気分で過ごしたいと思うでしょう。人間のこういった願いは、なにも今に始まったものではなく、人類が誕生して、活動し始めた七〇〇万年前から同じだったことでしょう。そして、人はどうすれば穏やかで、幸せな気持ちで生活できるのかを教えたのが、仏教、キリスト教、神道などの、様々な宗教であったのです。

私は日本と米国ハワイ州で、僧侶として、カウンセラーとして、人種や宗教を問わず、色々な方の心に関わってきました。国や人種が違っても、私たち人間の本質は同じですし、生きていく上での問題や悩みも、そう変わりはありません。そして、みんな、生まれてきて良かったと思いたい、幸せに生きたい、と望んでいるのです。

本書でご紹介させていただく心身めざめ内観は、これまで世界中で多くの方が体験してきた日本生まれの内観心理療法に、東洋の健康法である、呼吸瞑想法、気功法を導入した、古くて新しい心身療法です。心と体を調和させることによって、短期間で健やかで、幸せを感じる能力を育むために開発されました。

本書では、心身めざめ内観療法について、内観を生み出す基礎となった仏教思想を織り交ぜながら紹介します。仏教、と聞くと古めかしいイメージを持たれるかもしれませんが、仏教は、今を生きる私たちが幸せになるための愛と智慧、祈りのメッセージです。リラックスして、お好きな音楽を聴きながらページをめくっていただければ幸いです。

　本書を読むにつれ、あなたの心の窓が開き、心地良い、爽やかな風を感じていただけることでしょう。

幸せになるための心身めざめ内観

目次

装幀・山本太郎
章扉絵・Hisae Shouse
イラスト・悟東あすか

プロローグ――心について

〈幸せとは〉

幸せってなんでしょうか。心や風が目に見えないように、幸せという感情や価値観は目には見えません。でも、誰もが幸せになりたいと願うし、幸福や不幸を感じる瞬間はあります。あなたにとって幸せとはどんな状態でしょうか。そして、どんな時に幸せを感じるでしょうか。

私の家のご近所さん、六〇代の女性は、笑顔がとても素敵な方です。この人の笑顔を見るだけで、幸せな気分になります。

しかし、実はこの方は、長い間ご主人の闘病生活を支えておられるのです。収入もわずかで、ご自分も心臓病を抱えておられるのです。お金がない為、しっかりとした治療も受けられず、日々細々と生活されている、ということでした。内情を知らなければ、何の悩みや苦しみもない優しい奥さんにしか見えません。

動物好きのご夫婦は、自分たちがご苦労されているのにも関わらず、捨てられたり、虐待されている動物を見ると、救いの手をさしのべておられます。自分たちが大変で、他人の苦しみが解る分、ほっておけないのでしょうか……。そして、笑顔でこう言われます。「動物たちから、たくさんの癒しをもらっている。貧しくても、幸せだ」と。

もう一人、やはりご近所さんの中年のご婦人は、社会的地位のあるご主人と、経済的には何不自由ない生活をされていますが、私から見ると、顔が恐いのです。心の現れでしょうか。口を開けば出てくるのが夫への不満や損だ、得だの、という話です。

ある日、スーパーマーケットで売られている花の値段が高いので腹が立ち、こっそり茎を折ってやったと、心が凍りつくような話を平然とされるのです。花に罪はないのです。一生懸命咲いている命にどうしてこんなことができるのでしょうか。世間一般では、絵に描いたような幸せな暮らしをされているのに、この人はちっとも幸せではないのです。

仏説無量寿経というお経の中に、「有田憂田《うでんうでん》　有宅憂宅《うたくうたく》——田あれば田を憂う。宅あれば宅を憂う」という一説があります。家や田畑、財産がない時には、欲しい、欲しい、と願い、持っている人を羨ましく思います。しかし、家や財産がある人は、泥棒が入ったらどうしよう。大切な宝を盗まれたらどうしよう、といつも心が穏やかではいられません。田や畑を管理するのも、天候を心配したり、動物に作物を食べられないようにと、色々な配慮が必要です。

知り合いの銀行員さんが、お金持ちの顧客の中には、自分がカモにされるのではないかと、猜疑心《さいぎしん》が強い人がいる、とこぼしておりました。お金は大事だけれど、お金を守ることに一生懸命になるがあまり、他人を疑い、人生を楽しめないのであれば、悲しいことです。

つまり、二五〇〇年前にお釈迦様が言われたことは現代でも同じなのです。「ものが有る」、「無い」、ではなく、それをどう受け止めるかによって、私たちの幸福度は違うと言えるでしょう。

仏教の教えで、「一水四見《いっすいしけん》の喩《たと》え」という例があります。これは、同じ水を見ても、天女には瑠璃《るり》という宝石に見えて、私たち人間には飲みものに見え、魚には住む場所に、そして地獄の餓鬼《がき》には炎に見える、というのです。

この喩えのように、私たちの社会は環境も人生の価値観も異なった人で成り立っています。各自が各々の人生を生きていますが、その考え方や捉え方によって、同じものを見ていても、全く違う感じ方をすることがあります。これだけインターネットが普及すると、電話で他人とコミュニケーションを取るよりも、メールで連絡を取り合う方が便利だと思われる方も多いのではないでしょうか。

けれど、そのメールは、感情が伝わる肉声とは違うので、メールを送った人と、受け取った人との間に誤解が生じることがあるのです。「最近仕事のしすぎじゃない？」と恋人から受け取った文面をメールで見て、ある男性は、彼女からデートの回数が減ったと、責められているような気がする、と言い、別の男性は、僕の体を気遣ってくれているんだと思い、嬉しかった、と受け取りました。

同じ文章でも、その捉え方、感じ方は人によって大きく異なることがあります。つまり、私たち一人ひとりが自分のフィルターを通してものごとを見ている。独自の価値観や幸福のものさしを持っているのです。

〈心の病にかかりやすい人とは〉

現在日本はうつ病患者の数が一〇〇万人以上、自殺者が年間約三万人といわれています。二〇一一年に発生した、未曾有《みぞう》の東日本大震災以降、自殺者の数が減少した、と報告されているものの、日本人の自殺者は、世界の先進国の中でも、驚くべき数です。

また、一般に公表されている数字よりも、実際には何倍もの自殺者、うつ病患者が存在すると言われ、現代の日本社会で、こんなにも多くの人が生き辛さを感じているということがわかります。

私は、日本とハワイの精神科、心療内科、ホスピス、ビハーラ（注1）、老人ホームなどで心理カウンセラーとして、僧侶として、多くの人々に関わり、国や人種が違っても、人間の本質は同じであることに気づかされました。

うつ病になる原因は、愛する人との死別や、別離が大きいのですが、生きていれば、誰もが色々な挫折を味わいます。受験に失敗する、事故にあう、病気になる、リストラされる、昇進したが、そのプレッシャーが重すぎて辛い……などなど、自分が思うように人生が動いていくわけではない、ということを思い知らされます。

しかし、同じ経験をしても、落ち込んで心の迷路に入りこんでしまう人と、苦しみながらもその問題を乗り越え、人間として一回り成長される方とがおられます。この違いはどこからくるのでしょうか？

その違いは、その人が長年培ってきた、ものごとの捕らえ方、認知の仕方によって生じます。ものごとを歪んで捉えたり、何ごとも悪い方向に考える癖が染みついていると、心の病気の原因になるのです。

さらに、心の病が発症すると、ますますポジティブなものの見方ができなくなり、視野が狭くなります。何を見ても、楽しくない、何を聞いても責められているような気がする。また、人生の選択肢が狭くなり、受験に不合格になったり、ビジネスが上手くいかなくなると死を選んでしまう等、生きるか死ぬかの二者選択になってしまうのです。ここに、その一例をあげてみます。

〈ハワイでの忘れられないできごと〉

ハワイは世界中の人々が集まる観光地です。日本からもたくさんの方が訪れ、ここは楽園だなあと、私も心癒やされています。

しかし、実はハワイで自殺する日本人が多い、というのは、公表されていない事実です。ある日、こんなことがありました。警察から連絡があり、「ワイキキのホテルで新婚旅行中の日本人男性が自殺をした。妻に何があったのか事情を聞いてほしい」と依頼を受けました。

ワイキキの中でも高級ホテルで知られている、しかも最上階のスイートルームで事件は起こっていました。私が到着した時には、奥さんは精神安定剤が効いたおかげで、話をうかがえる状態でしたが、夫が首をつって絶命しているのを発見した時には、パニックで錯乱状態だったそうです。

話しを聞かせていただくと、彼女は二〇代半ばで、亡くなった夫は四〇代前半の年が離れたご夫婦でした。ネットの紹介サイトで知り合い、あまりお互いを良く知らないまま、盛大な結婚式を挙げ、新婚旅行へと出発しました。男性は一流企業にお勤めで、晩婚でしたが、若くて可愛いお嫁さんをもらったというので、幸せの絶頂だったようです。新婚旅行も憧れのハワイの各島を回って、最後がホノルルで翌日、日本に戻る予定だったのです。

ところが、ハワイで新婚旅行中にお互いの価値観や性格が合わないことが次第にわかってきました。若い花嫁は、「日本に着いたらすぐ離婚しましょう」と言い放ち、自分は寝室で、夫は別室のカウチ（ソファー）でハワイ最後の夜を、別々で眠ることになりました。

そして、翌朝、寝室のドアを開けた彼女が最初に眼にしたのは、天井からぶら下がって、息絶えた夫の姿だったのです。調査中、警察の方が私をラナイ（ベランダ）に案内してくれました。ラナイに置かれた丸い小さなテーブルには、タバコの吸殻でいっぱいになった灰皿があり、その横に般若心経のお守りが置いてありました。警察の方いわく、最初男性はここから飛び降りようと思ったのだろう、ということです。

しかし、最終的に夫は首を括《くく》って絶命している姿を妻に見せることを選んだのです。私の同僚の男性は「よほど妻に腹がたったのだ。妻への見せしめのために、首をつったのだ」と言いましたが、私は逆にその自殺した男性に対して腹が立ちました。まず、そんなに安易に自ら死を選んだこと、そして、残された女性に、一生背負って生きていかねばならない心の傷を負わせることを望んだからです。

この亡くなった男性の立場になって考えてみると、確かに同情する点もあります。盛大な結婚式を挙げ、皆から祝福されたのに、新婚旅行中に妻から離婚を言い渡された。恐らく日本に戻って、恥をさらすことになる。離婚の理由を詮索され、笑いものになると思ったのでしょうか。

この時点で男性は、幸せの絶頂から不幸のどん底に突き落とされ、辛い思いしかなかったでしょう。真っ暗闇だったのでしょう。しかし、この方が四〇年以上生きてこられて、色んなことを経験され、たくさんの人と関わってこられた中で、この出来事が本当に死を選ぶのに値すべきことだったのでしょうか？

私は最初に、うつ病などの心の病にかかると、ものの見方が狭くなる、と言いましたが、実際には、このような症状は病にかかってしまうから起こるのではなく、かかりやすい性格、常日頃のものの見方が根底にあります。他人からどう評価されるか、ということを非常に気にして、仕事や勉強を頑張る人がいますが、自分自身はどういう風に生きたいか、何をして生きるべきか、という信念には乏しいのです。

客観的に自分を観ることができないので、視野が狭くなり、自分がどんな存在であるか、どこに行こうとしているのか、わからなくなるのです。この男性には、自分の死によって、どれだけの人が悲しむか、想像だにできなかったのでしょう。

もしも、死を選ぶ前に、今までの人生を振り返り、両親や友人、同僚など、多くの方たちとの関わりの中でここまで生きてこられた、という事実を客観的に見ることができていたなら、成田離婚イコール死、という選択にはならなかったはずです。人生を出直して、新たな幸せをつかむことができたはずです。それほど、私たちのものの見方、認知の仕方、というのは重要です。ものの見方に伴って、心が動く。そして、行動が起きるのです。

それでは、これから自分を客観的に見つめ、省みる手段……幸せに生きるための、心身めざめ内観療法を紹介していきます。

第1章

心身めざめ内観とは

1. 心身めざめ内観——心身一如《しんしんいちにょ》

心身一如は、心身めざめ内観の大切なコンセプトです。心身一如とは、私たちの心と体はひとつのもので、分けることができない、という意味です。東洋医学や仏教、ヨガの概念として提唱されています。

私たちの心と身体は、お互いに作用しあっていますので、心を変えることによって身体が変わり、身体を変えることによって心が変わります。心身めざめ内観では、この心身一如のコンセプトに基づいて、心と身体を同時に癒し、心身をめざめさせ、心と身体の不調を改善していきます。そのため、心を変容させる内観療法と、身体を改善するための呼吸法、気功を同時期に交互に行います。

心身めざめ内観では、まず、深い呼吸を意識して行うところから始めます。

呼吸は私たちの生命の源です。悩み事や強いストレスがある人、うつ病、心身症などの精神症状がある人の呼吸は、皆、一応に浅くなっています。呼吸ができなくなると、私たちはどうなるでしょうか？　そう、死んでしまうのです。

食事を摂《と》らなくても数日は生きていけますが、呼吸ができなくなると、私たちは数分で死んでしまいます。身体は、そのことをよく知っていますので、浅い呼吸をしていると、心も不安定で無気力、集中力がなく、ちょっとしたことでキレやすくなるのです。

呼吸法を行うため、最初に丹田《たんでん》の位置を確認します。丹田とは、東洋医学でいう気の出る場所です。気は生命エネルギーです。元気、やる気、気が合う、気概がある、など、気のつく言葉がたくさんあるように、目には見えなくても、気が存在して、働いているのは誰しもご存じだと思います。

丹田は、おへその五センチほど下、膀胱《ぼうこう》のあたりにあります。丹田の位置がわかれば、男性は丹田に左手の平をあて、右手をその上にのせます。女性は右手の平をあてて、左手でカバーします。男女の手の当て方が反対なのには理由があります。東洋医学では、陰と陽、つまり誰もがプラスとマイナスのエネルギーを持っていますが、男性には、より陽のパワーが大きく、女性には、より陰のパワーが大きいところから、手の置き方も異なるのです。

呼吸法は、禅、ヨガ、マインドフルネスなどで、多少の違いはありますが、基本は同じです。

心身めざめ内観では、呼吸法の初心者に体得していただきやすい呼吸法を実施しています。

2. 心身めざめ内観――呼吸法

まず、深い呼吸ができるように、正しい姿勢に入ります。椅子に座る場合は、両足裏をしっかりと地面につけて下さい。座骨を立てて座り、座骨と肩甲骨《けんこうこつ》が同じ直線状になるのをイメージします。背筋は、頭のてっぺんが細い糸で天から吊らされているようにイメージし、まっすぐ伸ばしますが、肩と背中はリラックスした状態です。

身体を反《そ》らせないよう、あごを少しひいて下さい。クッションや、座布を使って座る場合は、片足を組む半跏趺坐《はんかふざ》の座り方が良いでしょう。片足を、もう一方のももの上に組んで座ります。両手は、軽く丹田に当てましょう。眼はつぶっても、半眼の状態でも良いです。できれば舌先を上歯茎の後ろに軽く当てて下さい。

姿勢が整いましたので、呼吸にはいります。息を吐かないと、吸うことはできませんので、まず、ゆっくり口から細く長く、七カウントで息を吐きます。

「ひと～つ、ふた～つ、みい～っつ、よお～っつ、いつ～つ、むう～っつ、なな～つ」。

腹式呼吸ですので、息を吐いている時は、丹田に重ねた手は、自然とお腹の奥の方に入っていきます。七つ吐いて、息がもう続かない、と思う寸前に、肛門をぎゅっとしめ、すぐ緩《ゆる》めます。肛門を緩めると当時に、自然と鼻から空気が入りますので、三カウント数えながら、肺に酸素を入れていきます。

「ひと〜つ、ふた〜つ、みぃ〜っつ」。

息を吸いながら、丹田を軽く押さえた両手が、外側へと押されていくのを感じます。今、酸素が胸部、腹部にたくさん入った状態です。この状態で、三カウント息を止めます。「止めて、止めて、止めて」。息を止めた状態にしばし入ることで、私たちの身体と脳がリラックスするための、副交感神経が優位に働きます。

その後、最初に戻り、細く長く、口から七カウントで息を吐きます。吐く息と共に、ストレスや、心の中のもやもやとしたものが、黒いケムリとなって、足の裏の湧泉《ゆうせん》というツボ（足の裏の中央よりつま先よりのへこんだ所）を通って、身体から外に出ていくのを感じます。

息を吸うときは、湧泉から新しい、きれいなエネルギーが身体の中に入って、体の中を循環しているのをイメージしましょう。

自らの心と書いて、「息」です。「調身、調息、調心」という、仏教の禅の言葉は、姿勢を正しく整え、正しい呼吸法をすると、心身ともに整う、という意味です。このように、私たちの身体と心が安定するには、自律神経の働きが大きく関わっています。

〈自律神経の働き〉

自律神経は、私たちが意識をしなくても、身体の機能をコントロールしてくれる重要な働きを二四時間担っています。心臓、肺臓、肝臓等の臓器を動かす働き、口に食べ物をいれると、自然と唾を出して消化を助ける働き、暑いと汗をかき、体温を調節する働きなどがあります。

自律神経は、交感神経と副交感神経の二種類で構成されており、必要に応じて、自動的に切り替わります。交感神経は、仕事や勉強を頑張る時や、咄嗟の瞬発力など、車のアクセルのような働きです。現代人の多くは働きすぎや不規則な生活、ストレスが多い環境にさらされていることから、アクセルを踏んだまま、つまり交感神経が優位になった状態が続いています。本来であれば、夜になると、車のブレーキの役割をする副交感神経が優位になり、身体がリラックスモードに入ります。

しかし、心身の緊張が持続すると、この切り替わりが上手くできなくなるのです。本当は、夜はゆっくり眠って、一日の疲れを癒し、次の日に備えたいところですが、心身の緊張感が抜けないままでは、深い眠りには入れません。不眠や不安感、疲労が取れないことで起こる身体機能の低下に伴う体調不良など、自律神経が乱れると、日々の活動に影響を及ぼします。

慢性的な疲労感、めまいや片頭痛、動悸、便秘、下痢、耳鳴り、手足のしびれや頻尿《ひんにょう》などの身体的症状、イライラ、抑うつ、感情が不安定になる、やる気がなくなる、などの精神症状も現れます。自律神経が上手く働かないと、爽やかで、明るく、前向きな気持ちで日常生活を送ることができなくなります。

自律神経が乱れてしまったからといって、内臓や、汗腺の働きを自分の意志で調節することはできません。しかし、丹田呼吸法を行うことで、自分自身で自律神経をコントロールすることができるようになります。丹田呼吸法によって、私たちの脳から、緊張や不安を緩和し、精神を安定させ、幸福感をもたらす脳内ホルモンの分泌を促進させることができるからです。

〈脳内ホルモンの働き〉

近年、脳科学の研究が進み、私たちの心身の健康に欠かすことのできない、脳内ホルモンの働きについて多くの研究結果が出ています。

いわゆるハッピーホルモンとよばれるノルアドレナリン、アセチルコリン、ドーパミン、βエンドルフィンなど、脳内ホルモンは、私たちの感情や気分をつくっています。

うつ病と関わりの深い脳内ホルモンが「セロトニン」です。セロトニンは、自律神経に影響を与えて、交感神経と副交感神経のバランスを保つのに欠かせませんし、大脳に影響を与えて、穏やかで、すっきりとした気分を整える働きをします。

セロトニンは、朝起きると分泌が始まり、覚醒中は持続しますので、きちんとセロトニンが分泌されていると、朝の目覚めが良く、血圧や体温も安定しています。慢性的な痛みもなく、爽やかで前向きな気持ちで活動ができるという状態で日々を過ごすことができます。

この反対に、脳内セロトニンが十分に分泌されないと、うつ症状が起こります。朝の目覚めは悪く、自律神経が乱れた状態で、慢性的な痛みが感じられます。不安や緊張が強く、暗い気分で生きていかねばなりません。

セロトニンの機能に着目したうつ病の治療薬として、SSRI（選択的セロトニン再吸収阻害薬）が使用されていますが、うつ病の薬は本来、症状を取るだけの対症療法でしかありません。

また、SSRIに限らず、うつ病の薬を何年も服用しているのに、社会復帰ができないどころか、副作用のため、様々な症状に悩まされているという患者の訴えは、各メディアでも取り上げられています。このような訴えを聞くたびに、私はいつも思うのです。丹田呼吸法をすれば、自然とセロトニンを分泌できるわけであるから、SSRIを使用するよりも、なぜ丹田呼吸法を取り入れないのだろうか、と。

このように、私たちが健康的な生活を送る上で、セロトニンの分泌は欠かせません。しかし、丹田呼吸法を習慣化し、セロトニンやリラックスホルモンであるアセチルコリンなどがほどよく分泌され、自律神経が整ったとしても、それだけで、長年抱えてきた悩みが解決するわけではありません。

丹田呼吸法で心身を安定させるのは、落ち着いてものごとを洞察できるようになるための大前提です。しかし、長年培ってきた考え方や、ものの見方の歪みを変えてゆかない限りは、失敗を繰り返す癖や、人間関係の悩みを解決することはできません。

3．心身めざめ内観――気功

呼吸法を体得すると、心身めざめ内観で実践するのが気功です。気功は、丹田呼吸と体の動きを組み合わせた中国古来の健康法です。気は目には見えませんが、「元気、病気、気が合う、殺気、気持ち、気概」などの言葉で現されるように、誰もが持つ、生命のエネルギーです。

「ハラが座った人」という表現がありますが、気がハラ、すなわち丹田に充実している人は、心身共に安定した健康な人です。精神症状がある人や、悩みを抱えている人は、気が頭にカーッと上っている状態で、冷静さに欠け、心は不安定で、ちょっとしたことで動揺しやすくなっています。

気功によって、気エネルギーを丹田に下ろし、大地にしっかりと足をつけ、ポジティブなエネルギーを体に充電させます。気功を行う時にまず大切なのは、呼吸法で学んだ姿勢を整える調身、呼吸を整える調息、意識を整える調心、の三調を整えることです。三調が整った後、気功で、滞っていた気のエネルギーの流れと働きをスムーズにして、生命活動を活性化させます。

気功を実践することにより、体がリラックスした状態で気のエネルギーが充実し、セロトニン、βエンドルフィン、アセチルコリンなどの癒しのホルモンが脳内に分泌されます。すると、それまで閉じていた心がゆったりと開いていくのを感じ取れます。

「攻めの養生」で知られる帯津良一医師は、ホリスティック医療(注2)の第一人者で、患者の治療に気功を導入されています。西洋医学に限界を感じられた先生は、中国医学が、がん治療に貢献している様をご覧になり、気功を始められました。そのいきさつが大変興味深いので、紹介させていただきます。

先生は、中国の肺がんの研究所の附属病院で、鍼麻酔《はりますい》を使って手術を行っている様子を見学されました。鍼が二本、患者さんの腕に刺してあるだけで、胸を開けて手術をしているのですが、患者さんは意識があり、きょろきょろと部屋の中を眺めていました。先生は、はたして全ての人に鍼による麻酔がかかるものだろうか。どうしても効かない人もいるのではないか、と思い、研究所の責任者に尋ねてみました。

すると、その医師は「鍼麻酔が効く人と効かない人がいる。効く人は素直な人で、効かない人は素直でない人です。手術前にその人が素直かどうかはわからないので、全員が素直な人になるような手段をまず講じて、それから鍼麻酔に臨みます」という答えが返ってきました。その、全員を素直にする手段が、気功だった、ということです。

私たちが心のあり方を振り返る内観療法も、心が素直でないと、思ったような治療効果が期待できません。内観が深まっていくと、心のわだかまりが取れて、素直になっていくのですが、これまでの内観にかかる一週間という時間を短縮し、より高い効果を出すために、心身めざめ内観では気功を実践しています。

ここで、心身めざめ内観で実施している気功法の中から、二点ご紹介いたします。

まず気功法の最初に二つほど、基本的なかたちを後ページのイラストを参照しながら覚えて下さい。

一．立禅《りつぜん》の方法

両足を平行に、肩幅に広げる。

膝をわずかに曲げ、そけい部（足の付け根）を緩める。

二．膻中開合《だんちゆうかいごう》で気のエネルギーを感じてみましょう。「膻中」とは胸の真ん中で乳頭の高さにあるツボです。

ゆったりとした腹式呼吸をしながら、膻中の位置で左右の手の平を近づけたり離したりして、気のエネルギーを確認します。手の平をぱっと開いて少し緩めてから行うと、左右の手のひらにピリピリとした感覚や、気のエネルギーの玉（粘り、空気の塊のような温かい感触）を感じやすいです。

〈心を浄化する蓮華功《れんげこう》〉

私たちの住むこの娑婆《しゃば》は、争いや憎しみ、欲望にまみれ、様々な悲しみを経験せざるをえない汚れた世界です。しかしながら、蓮が汚れた泥水の中から美しい花を咲かせるように、私たちも、この世で悟りを開くことができると仏教は教えています。蓮華功は、心を浄化し、心の中で蓮の花を育て、悟りの花を咲かせるイメージを磨くための気功です。

実際にやってみましょう（イラストを見ながらどうぞ）

立禅する（イラスト①）。

ゆっくりと両手を身体の中央でクロスさせる（イラスト②）。

両手を内から外へ天をあおぐように広げ、肩の高さまで上げたら（イラスト③）、やや腰をかがめる。泥水の中から蓮の花の種を拾い、種を落とさないようにゆっくりと腰を起こし、太陽、自然界のエネルギーを種に与える（イラスト④）。目の高さ（印堂のツボのあたり）でつ

立禅

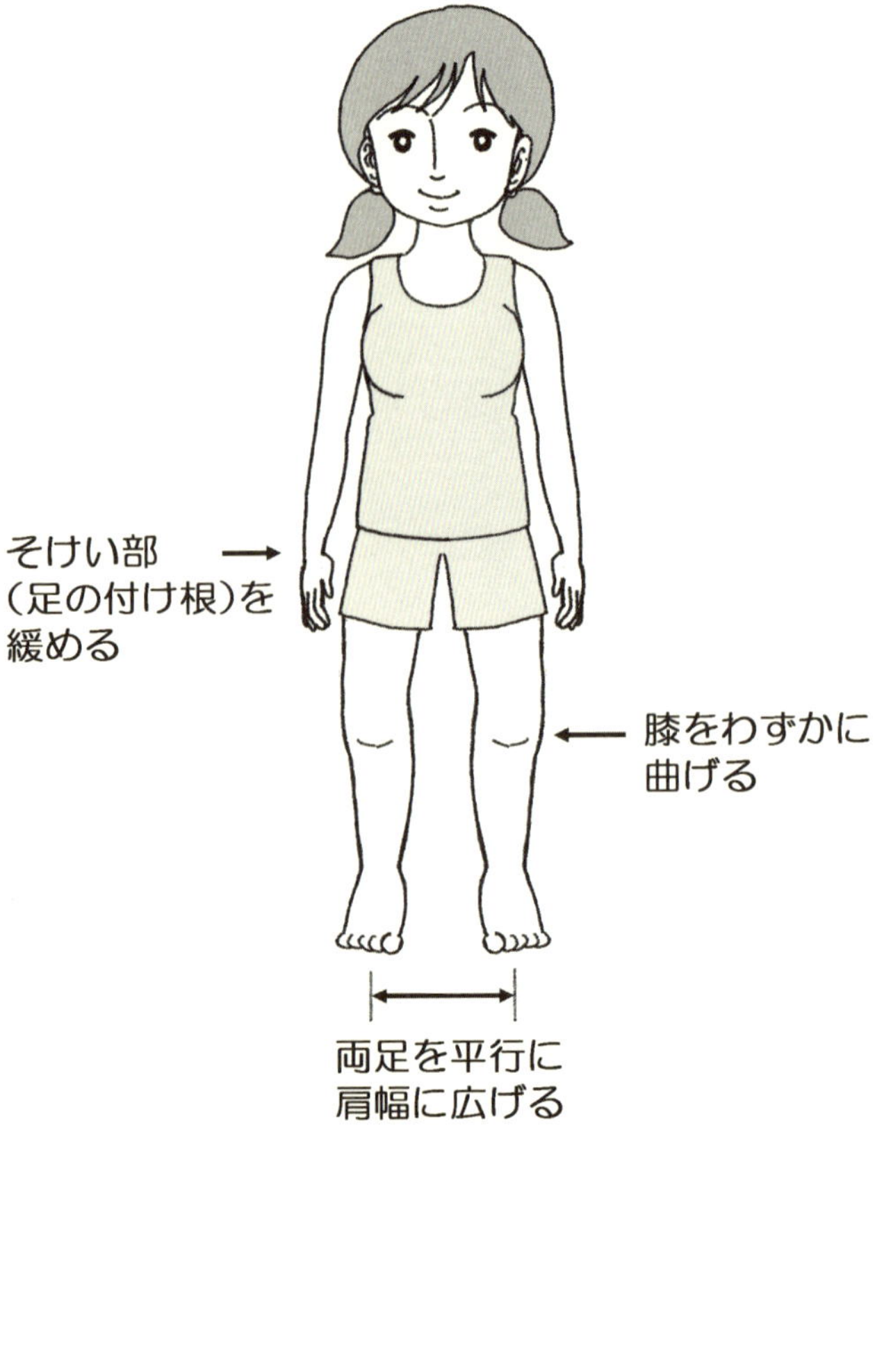

そけい部
（足の付け根）を
緩める
膝をわずかに
曲げる
両足を平行に
肩幅に広げる

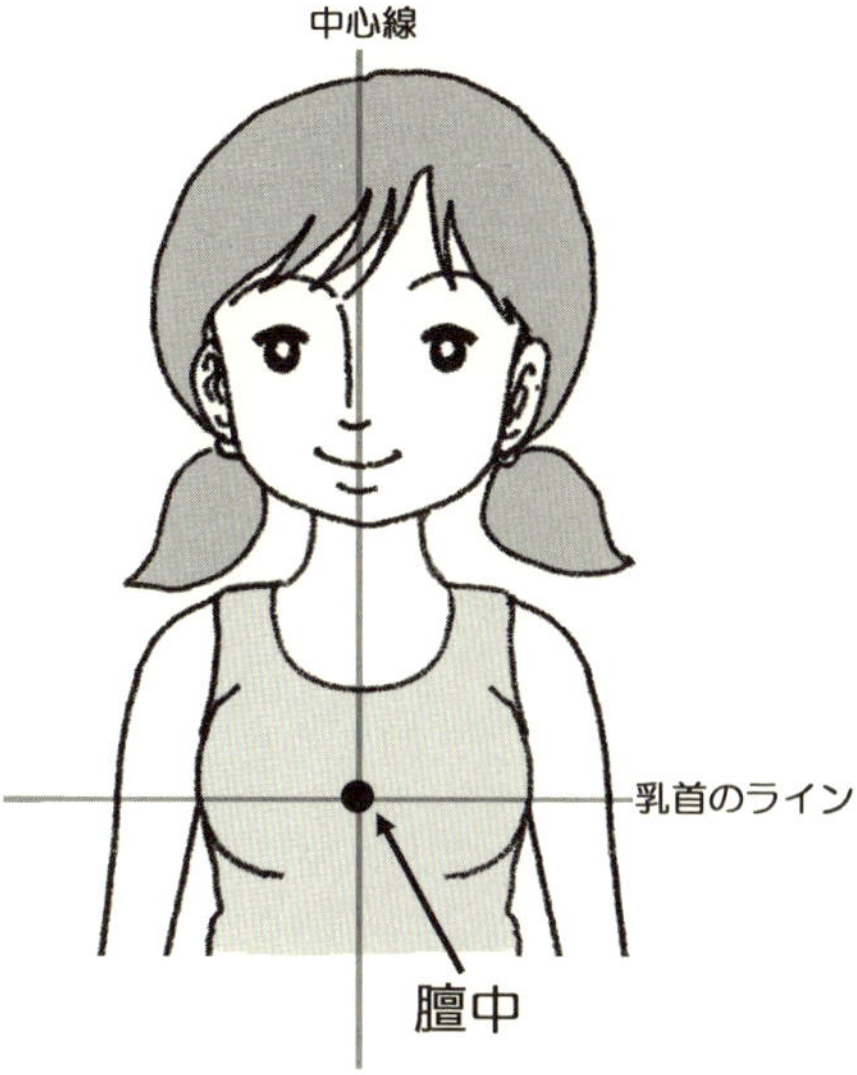

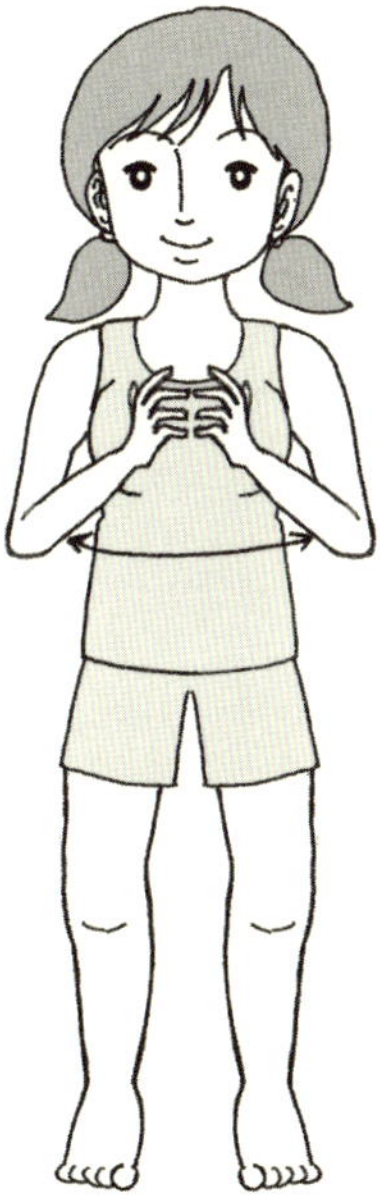

ゆったりと腹式呼吸を
しながら、左右の手の平を
近づけたり離したりして
気のエネルギーを確認する

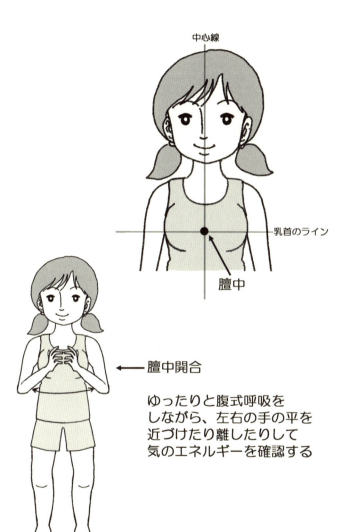

蓮華功

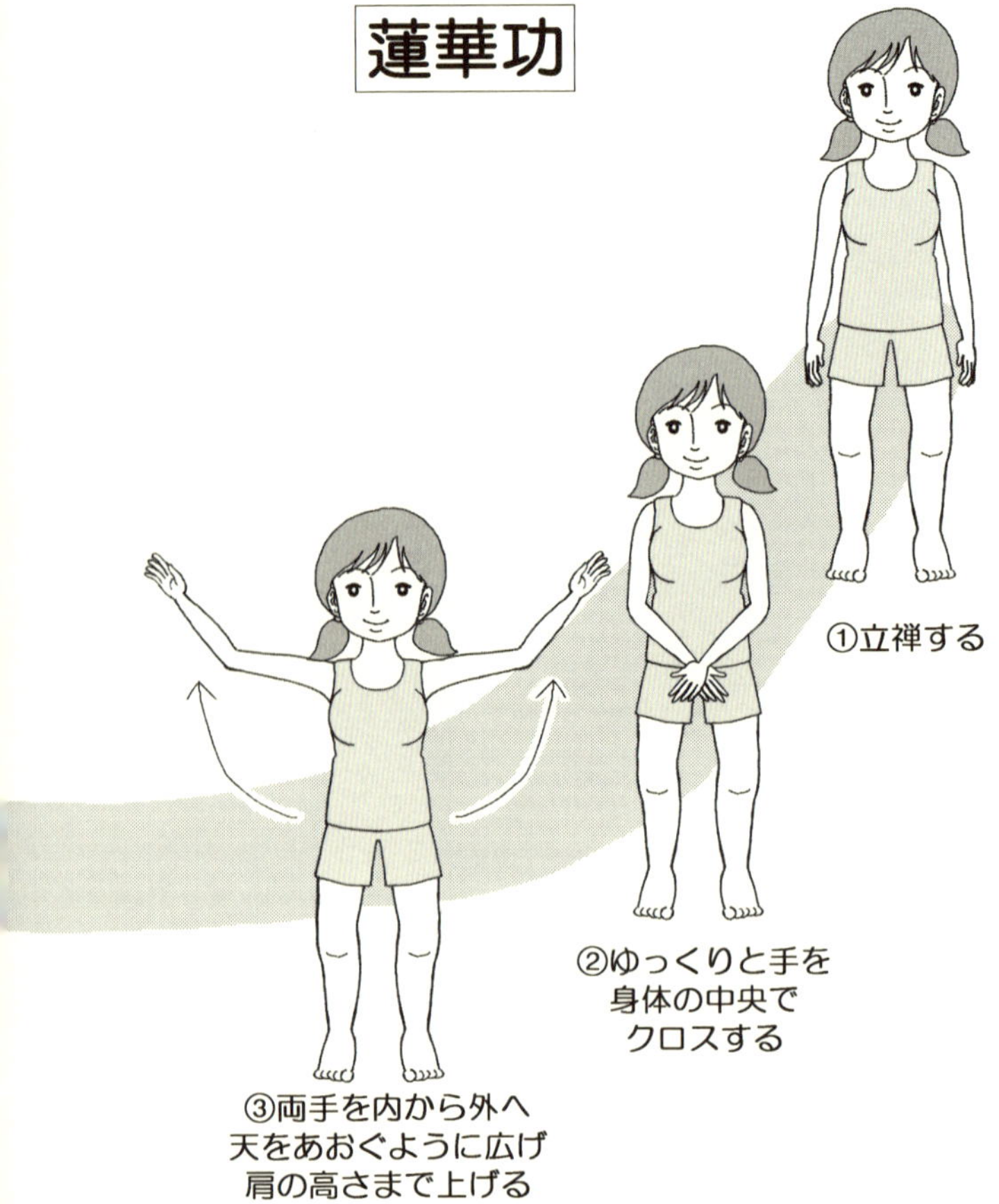
①立禅する
②ゆっくりと手を
身体の中央で
クロスする
③両手を内から外へ
天をあおぐように広げ
肩の高さまで上げる

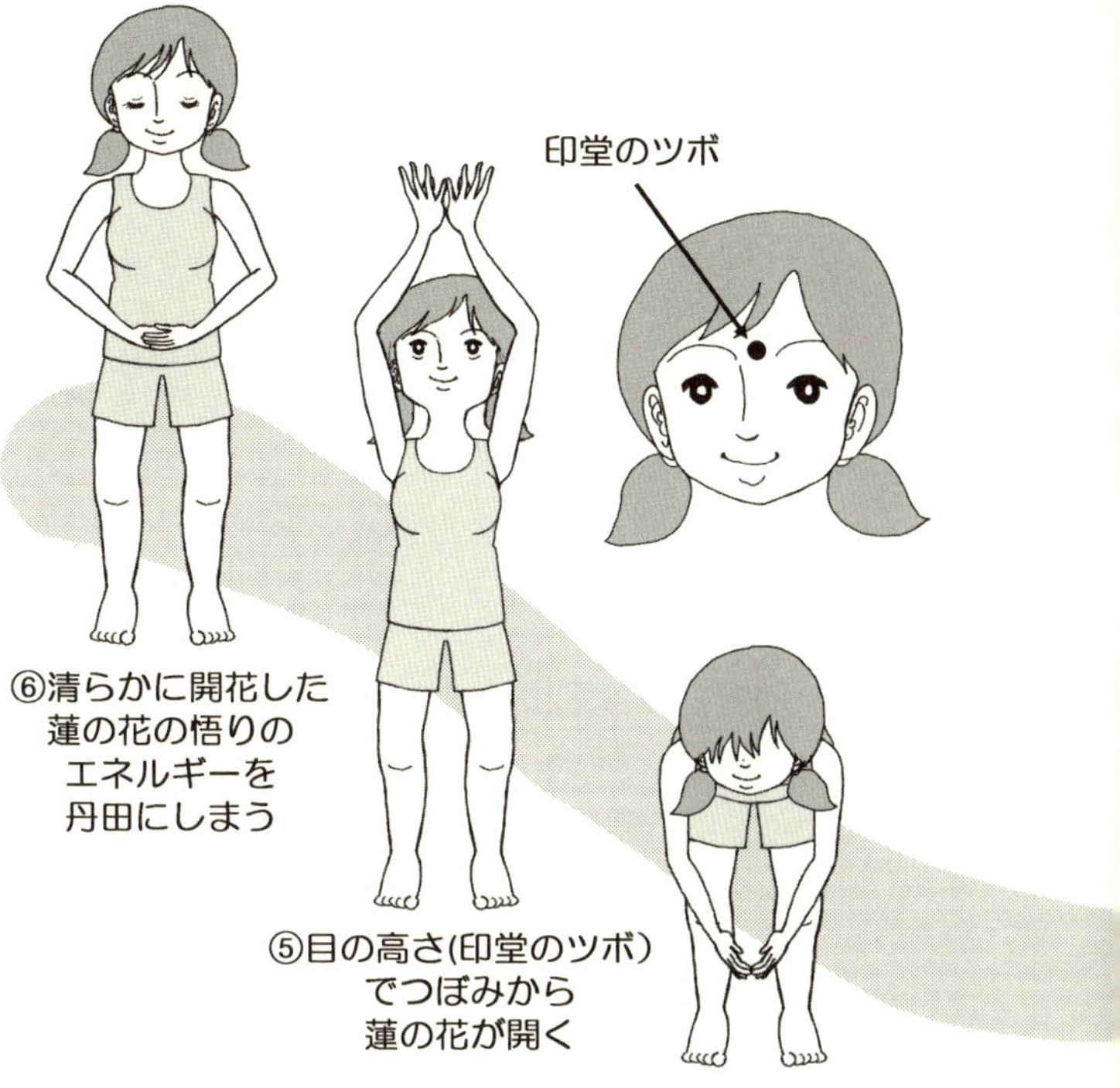
印堂のツボ
⑥清らかに開花した
蓮の花の悟りの
エネルギーを
丹田にしまう
⑤目の高さ(印堂のツボ)
でつぼみから
蓮の花が開く
④やや腰をかがめ泥水の
中から蓮の種を拾い
種を落とさないように
ゆっくりと腰を起こし
太陽、自然界のエネルギー
を種に与える

ぼみから蓮の花が開く（イラスト⑤）。
浄らかに開花した蓮の花の悟りのエネルギーを丹田にしまう（イラスト⑥）。

〈臓器に感謝し、心身を整える合臓功《ごうぞうこう》〉

東洋医学では、宇宙の万物は全て陰と陽の二つのエネルギーで構成されているとし、自然界の現象や人間の体を陰と陽の対立した二つの性質に分けています。

陽は外に向かう、明るい、躍動的、熱を生む、などの性質を持ち、陰は、内に集まる、暗い、動きが静か、水を生む、などの性質を備え、陰と陽が関係を変化させながらバランスを保っています。私たち人間は、陰陽のバランスが崩れると、体に不調を生じますが、この陰陽の視点を補うのに五行学説があります。

これは自然界や、自然界の一部である人間の体は木《もく》・火《か》・土《ど》・金《こん》・水《すい》という五つの要素から成り立ち、各要素が一定の法則に基づき、互いにバランスをとっている、という概念です。自然界では、木は樹木が枝葉を伸ばし、成長するように、四方に柔軟に広がる性質を持ちます。木は燃えて火を生みだします。

火はものを燃やしたり、炎や熱のように上昇する性質があります。火は燃え尽きると土を生み出します。土は、養分やミネラルを含み、様々な生物や鉱物が生じることから、豊潤や濃厚な性質が特徴です。

土の中の養分が固まり、金が生みだされます。金は人間の手によって形を変えることができる金属ですから、従順さや改革、といった変化の性質を持っています。地中の金が水脈を作り、水を生み出します。

水は、川のように周囲を潤し、冷やしながら流れる性質があります。そして水は種から木の芽を育て、生み出す……というように、自然界は五行のバランスで構成されています。そして、東洋医学では、この五行の性質が人間の生体機能にも存在するとし、各要素がバランスよく機能している状態が健康な体であるのです。

五行とそれぞれ対応する内臓器は、木気は肝で、血液を宿すところです。

火気は心で循環器系、土気は胃・脾、金気は肺、水気は腎・膀胱、とそれぞれにあてはまります。私たちの体内では、それぞれの臓器、血管、細胞は対応し、繋がっていますので、水気である腎、膀胱が良くなれば木気である肝・胆も良くなりますし、その逆にどこかが悪くなれば、全てのバランスが崩れてきます。

合臓功は、五行に対応する各臓器の方位に合わせて動きます。各臓器、体の機能全般に感謝をし、自然治癒能力を高め、心身の正常な状態を保つために行います。

実際にやってみましょう（後のページのイラストを見ながら）

一・胃腸を整える。（南に向いて）

胃腸は摂取した食物を蓄え、消化し、栄養分を吸収し、生命を維持する重要な役割を担っています。

立禅する（イラスト①）。

つばさを広げるように両手を左右外側にあげる（イラスト②）。

両腕を肩の高さまで上げて手のひらを上に返す（イラスト③）。

頭のてっぺんの百会《ひゃくえ》（イラスト）から自然界のエネルギーを注ぎ込む（イラスト④）。

手のひらを下に向け、自然界のエネルギーを抱え込み、手のひらをゆっくりとおろしつつ胃腸を心の眼で見て感じる（イラスト⑤）。

「いつも私の命を支えてくれてありがとう。今まであなたの存在を当たり前に思いごめんなさい。（暴飲暴食をしてきた等）私のことを許して下さい。あなたのことが大好きです」と感謝のメッセージを送って、手のひらをおろす（イラスト⑥）。

この感謝の言葉は、ハワイの伝統的心の洗浄法、ホ・オポノポノ（注3）より応用しています。

二．肺を整える。（西に向いて）

肺は呼吸器系の最も重要な器官です。肺の大きな役割は、呼吸と血液循環です。心臓と共に酸素を含んだ血液を体内に循環させる役目を担っています。わたしたちは、数日食物を摂取しなくても、生きられますが、呼吸が止まってしまうと、数分で死んでしまいます。


立禅する（イラスト①）。

つばさを広げるように両手を左右外側にあげる（イラスト②）。

両腕を肩の高さまで上げて手のひらを上に返す（イラスト③）。

両手を上げていき、両側から頭に回し、自然界のエネルギーを手のひらに集めて頭頂部で合掌する（イラスト④）。

膻中まで両手を下ろす（イラスト⑤）。

大切な柔らかいエネルギーをふわっと開放し肺を広げ、再び優しく肺の中に抱え込む。両手を肺の位置に当てる。肺を心の眼で見て感じ、「いつも私の命を支えてくれてありがとう。今まであなたの存在を当たり前に思いごめんなさい。（煙草を吸いすぎた、汚れた空気を吸った等）私のことを許して下さい。あなたのことが大好きです」と感謝のメッセージを送る（イラスト⑥）。

三．腎を整える。（北に向いて）

腎臓は血液の老廃物から尿をつくり、排泄する、ホルモンや血圧の調節、体液量、イオンバランスの調節などを司っています。腎臓の働きが悪くなると、老廃物や毒素が体に蓄積される、疲労や貧血などが起こります。


立禅する（イラスト①）。

つばさを広げるように両手を左右外側にあげる（イラスト②）。

両腕を肩の高さまで上げて手のひらを上に返す（イラスト③）。

両手を上げて、両側から頭に回し頭頂部で合掌し両足を閉じる（イラスト④）。

手のひらのエネルギーを下に降ろしながら軽く大地に触れる（イラスト⑤）。

人差し指と中指で軽く両足の内側（腎の経絡――気、血、水を全身に運ぶ経路）に触れながら身体を起こす（イラスト⑥）。骨盤をなぞりながら、足を左右に半歩ずつ広げる（イラスト⑦）。

手のひらを下に向け、前から円を描くように回し、腰にあてる（イラスト⑧）。腎に手のひらをあてて、ゆっくり三回右に腰を回し、いったん上体を起こしてから、左に三回腰を回す

（イラスト⑨）。

腎臓を心の眼で見て感じ、「いつも私の命を支えてくれてありがとう、今まであなたの存在を当たり前に思いごめんなさい、私のことを許して下さい。あなたのことが大好きです」と感謝のメッセージを送る（イラスト⑩）。

四．肝を整える。（東に向いて）

肝臓は、食べたものをエネルギーに変える、体に摂取したものを解毒し、不必要なものを排泄する胆汁の生成をしています。また、ストレスや睡眠不足は、血管を収縮させ、血圧を上げるため、肝機能に大きな影響を与えます。沈黙の臓器ともいわれるように、肝臓の機能が弱っても、知覚神経がないため、黄疸などの症状が出るなどして、気付いた時には重症化しているのです。

立禅する（イラスト①）。

身体の正面で、あごの中心と手の合谷《ごうこく》の位置を約30センチの距離で合わせる（イラスト②）。

息を吸いながら身体をゆっくり左に回し、ストレス（邪気）をつまみ、はぁーっと大きく息を吐き、払い落とす（イラスト③）。左右を一組とし、三回繰り返す（イラスト④）。

手のひらを下腹部で合わせ、骨盤をなでながら腰の高さで円を描き、浄らかなエネルギーを肝に集め、両手のひらをあてる（イラスト⑤）。ゆっくり三回右に腰を回し、いったん上体を起こしてから、左に三回腰を回す（イラスト⑥）。

肝臓を心の眼で見て感じ、「いつも私の命を支えてくれてありがとう、今まであなたの存在を当たり前に思いごめんなさい、（お酒を飲みすぎた、ストレスが多い等）私のことを許して下さい。あなたのことが大好きです」と感謝のメッセージを送る（イラスト⑦）。

五．心を整える。（南に向いて）

心臓は体全体に血液を送り出し、循環させるポンプの役割をしています。自分のにぎりこぶしくらいの大きさの筋肉でできています。一分間に六〇～八〇回、一日に一〇万回以上の拍動を繰り返し、休むことなく働いています。私たちが夜眠っている間も、心臓が絶え間なく働いてくれているからこそ、私たちの生命は維持されているのです。

立禅する（イラスト①）。

両手を左右に広げ、自然界のエネルギーを抱え込みながら（イラスト②）、軽く左右の中指を触れあう（イラスト③）。

膻中の高さで、左手が上、右手を下にし、手のひらを身体の方に向ける。右手の親指を左手の小指側の感情線の下にそっと当て、そのままそっと手のひらを胸に当てる。左手の親指は心もち体の方に曲げる（イラスト④）。

心臓を心の眼で見て感じ、「いつも私の命を支えてくれてありがとう、今まであなたの存在を当たり前に思いごめんなさい、私のことを許して下さい。あなたのことが大好きです」と感謝のメッセージを送る（イラスト⑤）。

合臓功の五つの動作の後、両手のひらを丹田に重ねて当て、二、三分静かに気持ちを収める収功をして終わる（イラスト⑥）。

＊ここでは、気功の主な動作を中心に説明しましたが、気功実践中の意識の持ちようや、呼吸のつけ方、細かい動作を体感していただくために、是非心身めざめ内観を研修して下さい。

私たちの臓器と感情は深く関係しており、感情の種類によって、対応する臓器に症状が現れます。また、その反対に、臓器にトラブルが発生している場合は、感情にも変化が起こります。怒りは肝、憂い、悲しみは肺、思い、悩みは脾、恐れ、驚きは腎を害します。喜びは心と相関しますが、気が緩みすぎると心臓の力を弱めます。

合臓功・胃腸

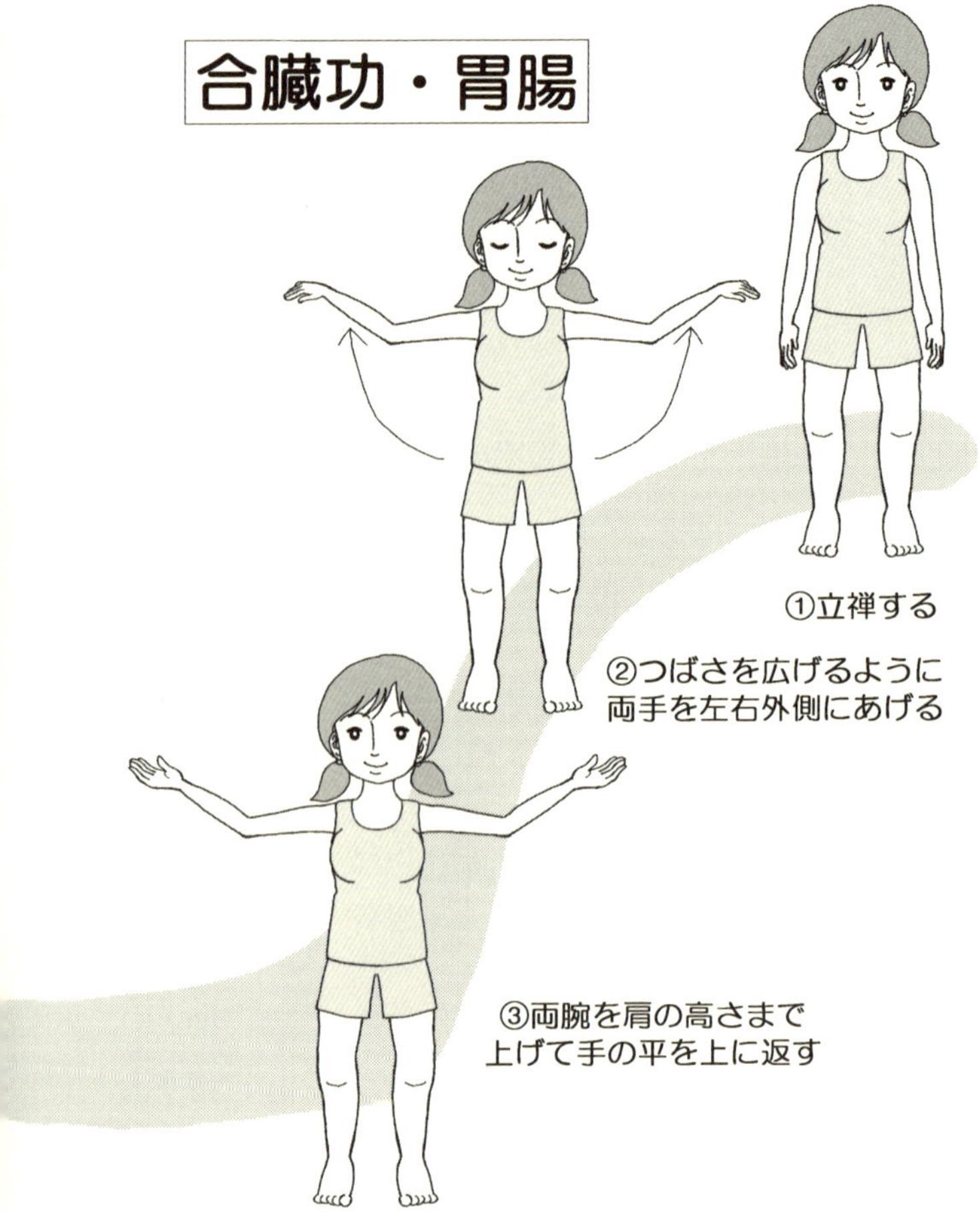

①立禅する

②つばさを広げるように
両手を左右外側にあげる

③両腕を肩の高さまで
上げて手の平を上に返す

百会のツボ
⑥「いつも私を支えて
くれてありがとう
今まで当たり前に思い
ごめんなさい、
許してください。
大好きです」と
感謝のメッセージを
送って、手の平を下ろす
⑤手の平を下に向け、
自然界のエネルギーを抱え込み
手の平をゆっくりとおろしつつ
胃腸を心の目で見て感じる
④頭のてっぺんの百会から
自然界のエネルギーを注ぎ込む

合臓功・肺

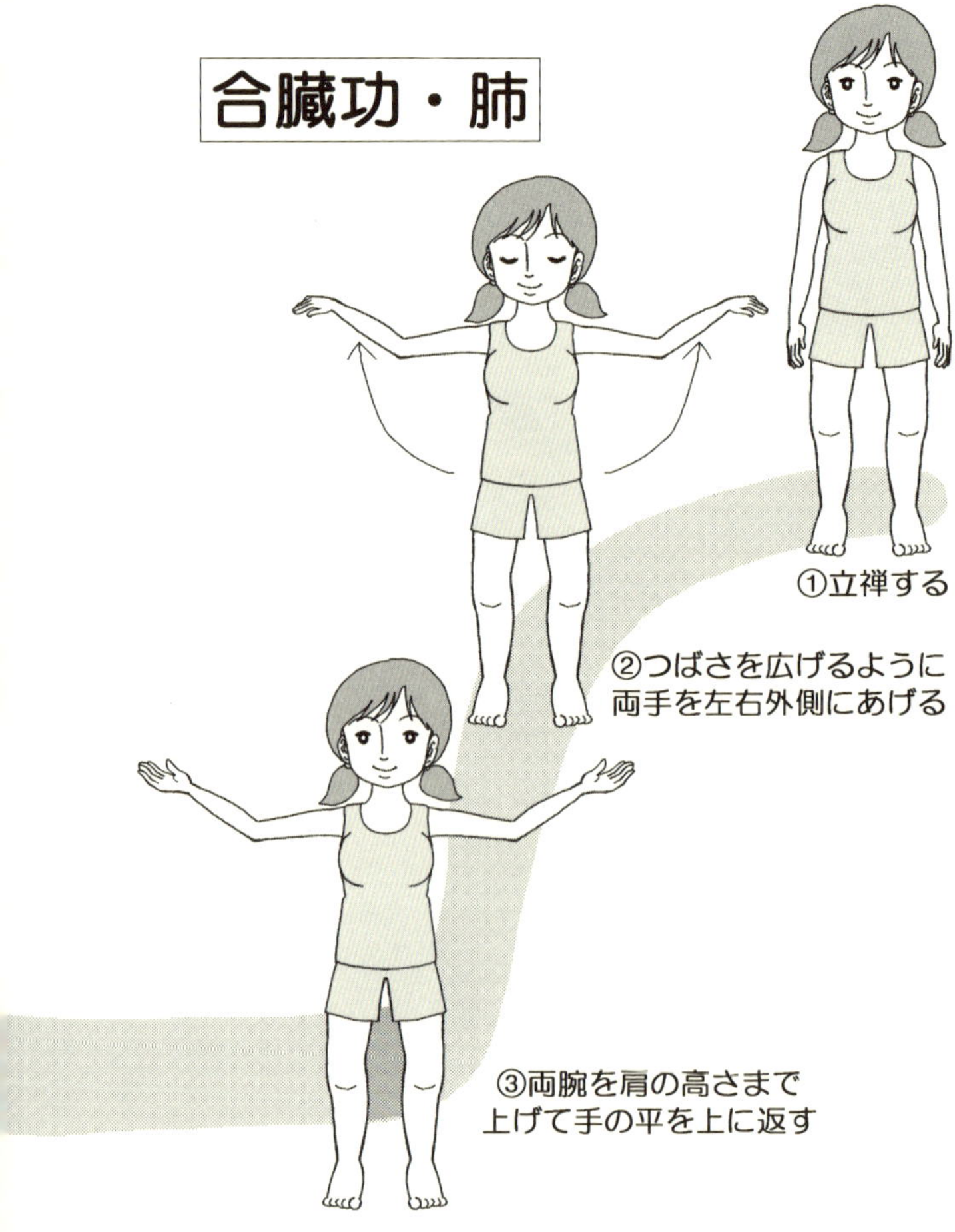
①立禅する
②つばさを広げるように
両手を左右外側にあげる
③両腕を肩の高さまで
上げて手の平を上に返す

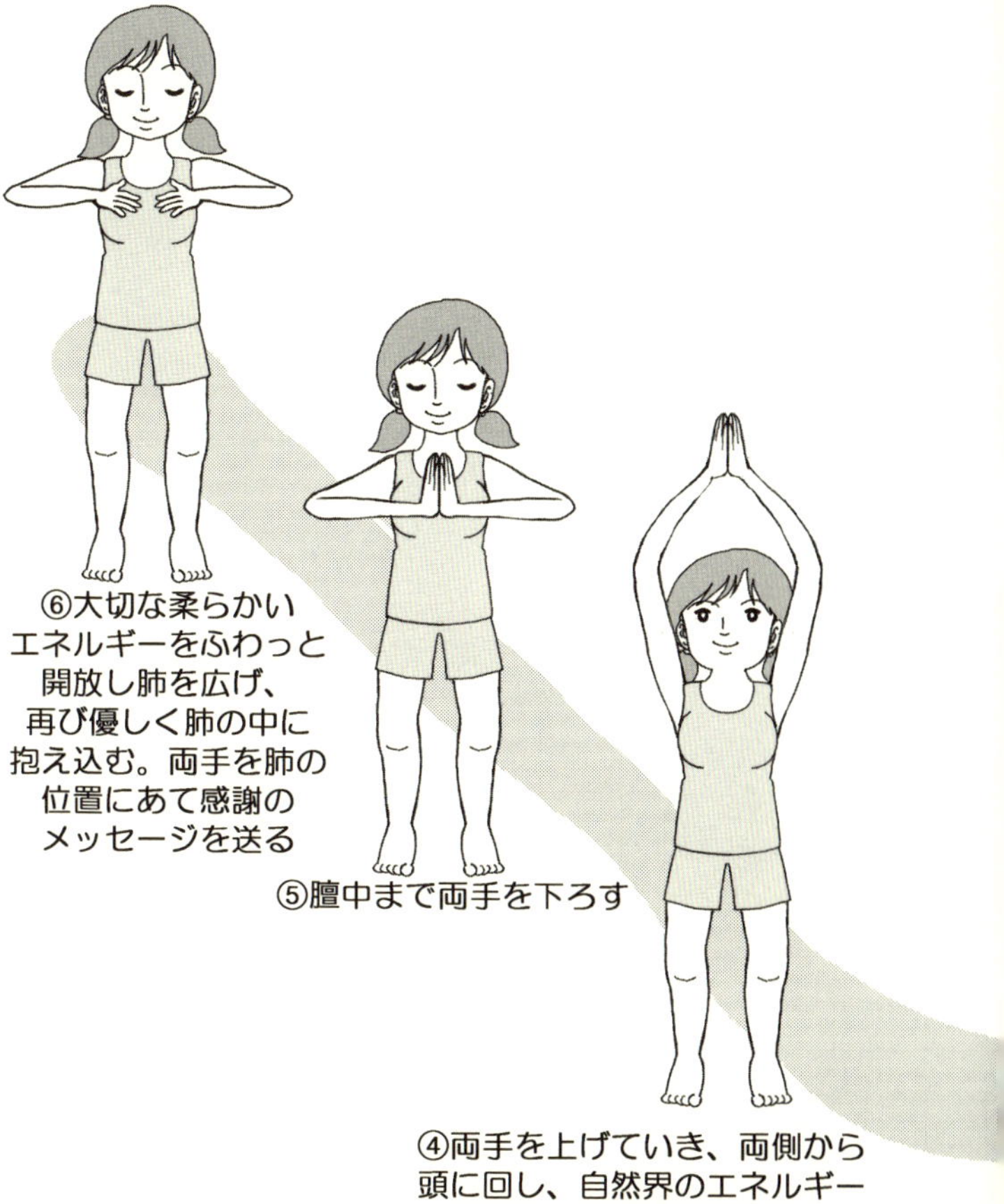
⑥大切な柔らかい
エネルギーをふわっと
開放し肺を広げ、
再び優しく肺の中に
抱え込む。両手を肺の
位置にあて感謝の
メッセージを送る
⑤膻中まで両手を下ろす
④両手を上げていき、両側から
頭に回し、自然界のエネルギー
を集めて頭頂部で合掌する

合臓功・腎

①立禅する
②つばさを広げるように
両手を左右外側にあげる
③両腕を肩の高さまで
上げて手の平を上に返す
④両手を上げて頭頂部
で合掌し両足を閉じる

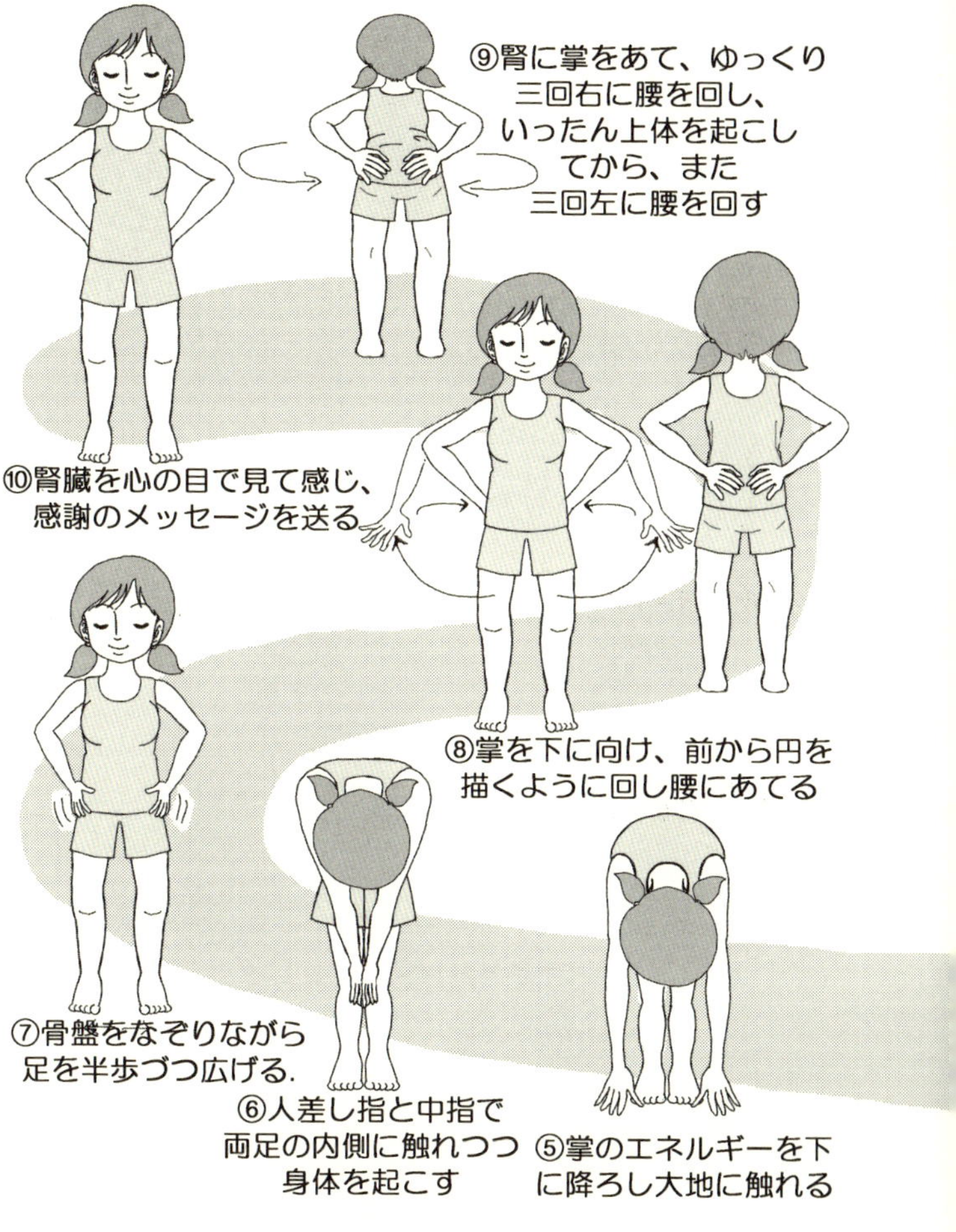
⑨腎に掌をあて、ゆっくり
三回右に腰を回し、
いったん上体を起こし
てから、また
三回左に腰を回す
⑩腎臓を心の目で見て感じ、
感謝のメッセージを送る
⑧掌を下に向け、前から円を
描くように回し腰にあてる
⑦骨盤をなぞりながら
足を半歩づつ広げる.
⑥人差し指と中指で
両足の内側に触れつつ
身体を起こす
⑤掌のエネルギーを下
に降ろし大地に触れる

合臓功・肝

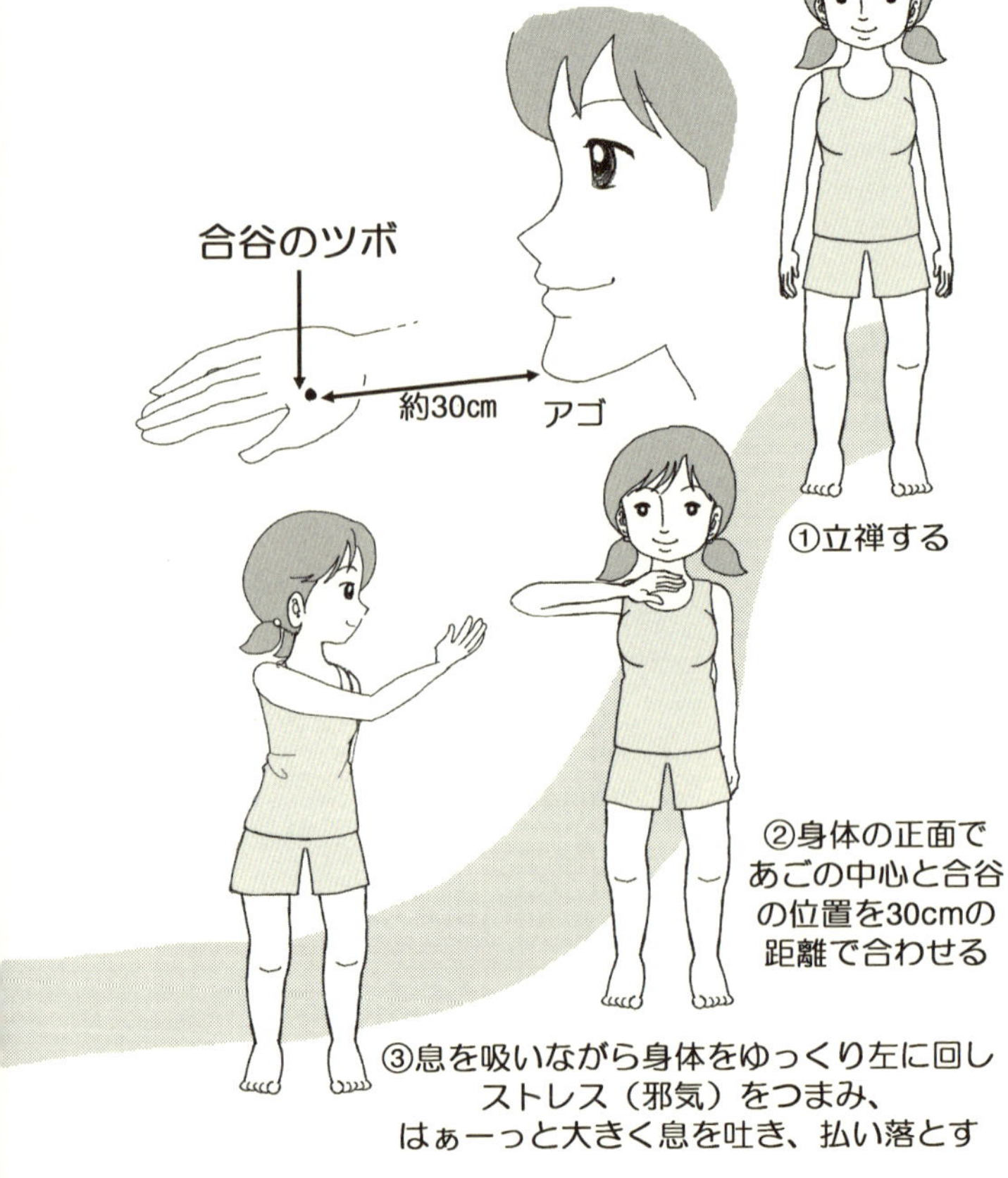
合谷のツボ
約30cm
アゴ
①立禅する
②身体の正面で
あごの中心と合谷
の位置を30cmの
距離で合わせる
③息を吸いながら身体をゆっくり左に回し
ストレス（邪気）をつまみ、
はぁーっと大きく息を吐き、払い落とす

⑦肝臓を心の眼
で見て感じ
感謝の
メッセージ
を送る
⑥ゆっくり３回右に
腰を回し、
いったん上体を
起こしてから
左に３回腰を
回す
⑤掌を下腹部で合わせ
骨盤をなでながら
腰の高さで円を描き、
清らかなエネルギーを
肝に集め両掌をあてる。
④左右を１組とし、３回繰り返す

合臓功・心

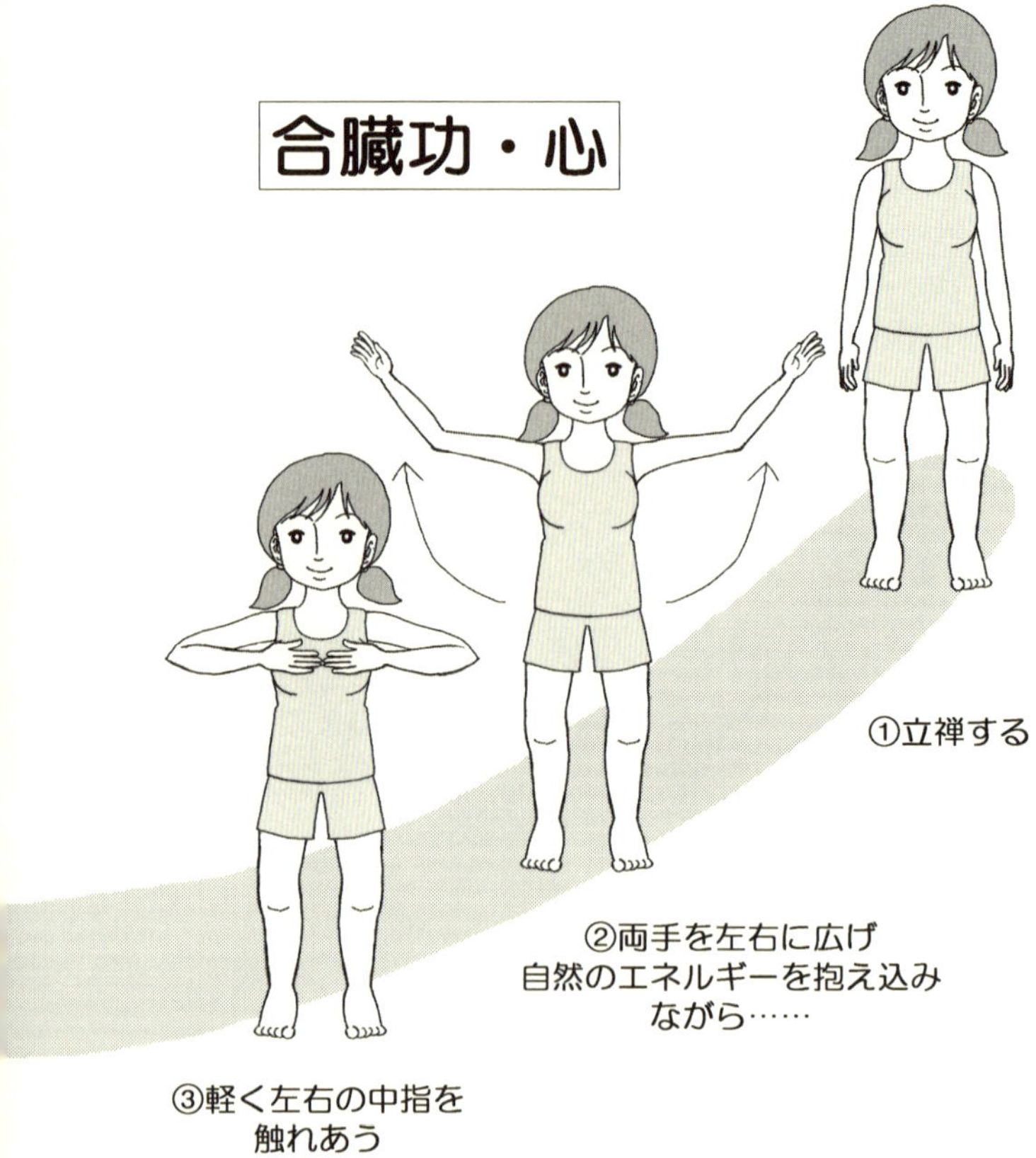

①立禅する
②両手を左右に広げ
自然のエネルギーを抱え込み
ながら……
③軽く左右の中指を
触れあう

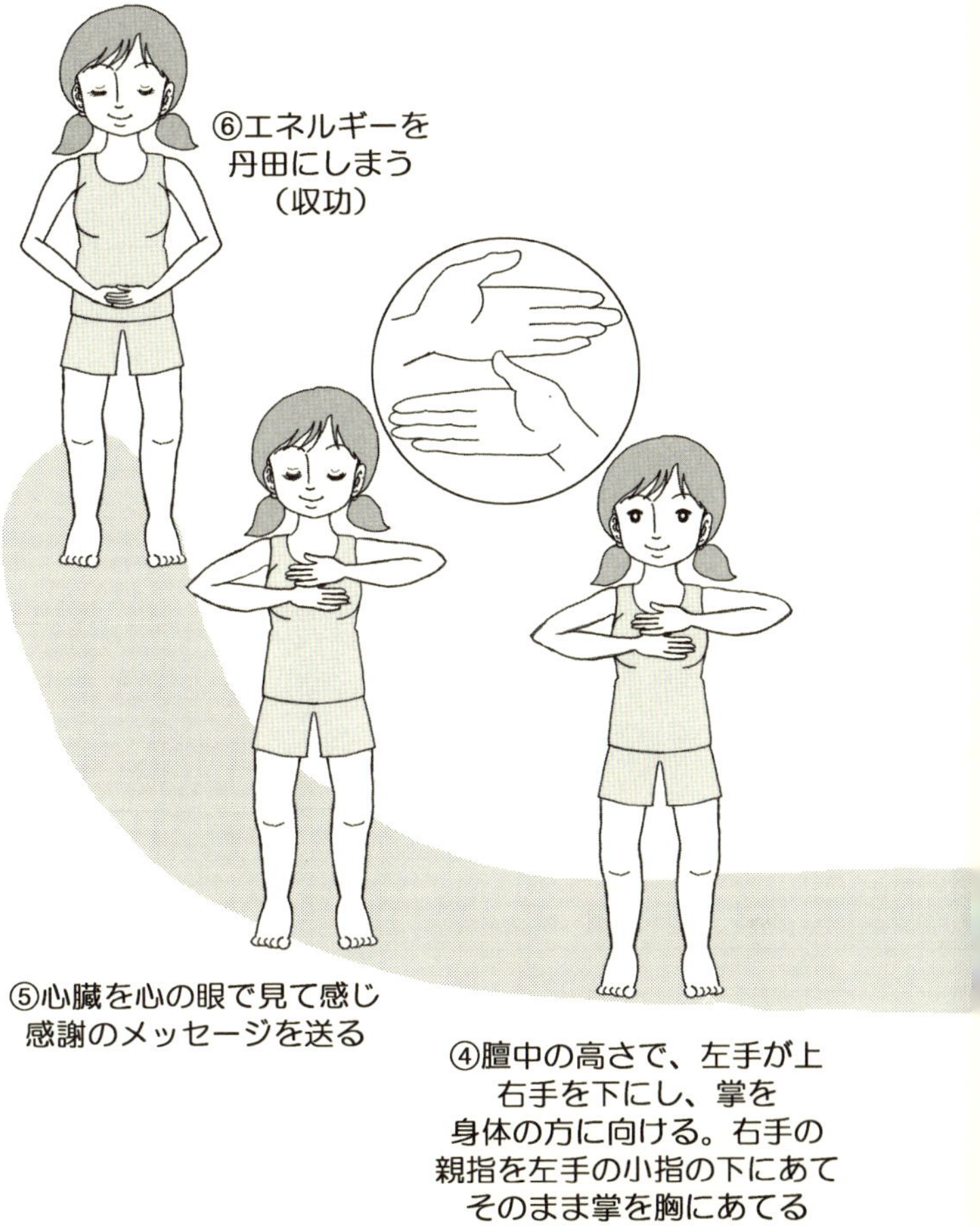
⑥エネルギーを
丹田にしまう
（収功）
⑤心臓を心の眼で見て感じ
感謝のメッセージを送る
④膻中の高さで、左手が上
右手を下にし、掌を
身体の方に向ける。右手の
親指を左手の小指の下にあて
そのまま掌を胸にあてる

このように、呼吸法や気功をしている間は穏やかで落ち着いた、素直な気持ちになります。しかし、それだけでは、精神症状の寛解や、悩みごとの解決とはいえません。そっくりと問題自体は残っているわけです。これでは、一時的にお酒や抗うつ薬、ドラッグで気を紛らわせているようなもので、根本的な治療とまでは、まだいかないわけです。ですから、人生の根本解決には、内観療法で得られる認知の転換、ものの見方を変えることが必要です。

内観療法で自分の人生を内観独自の方法で振り返ることによって、これまで自分でも気づくことのできなかった癖や、ものの見方、認知を修正することができます。今まで人間関係の障害になっていた癖や、ものの見方が改善されることによって、大きく人生が転換される、内観は素晴らしい療法です。世界に誇れる心理療法です。

しかしながら、これまでの方法ですと、最低でも一週間という治療期間がかかり、多忙な現代人には、敬遠されてきました。心身めざめ内観に取り入れている丹田呼吸法や気功瞑想法は、その内観という心の旅の目的地に、速やかに行き着くための、補佐役であり、内観の重要なパートナーです。

東洋古来の丹田呼吸法と、その呼吸法を利用することによってさらに心身を健やかに導く気功、そして、一九五〇年代に、吉本伊信師によって創設された内観療法を組み合わせるがゆえに、効率よく心身のバランスを整えます。

さらに、各研修者の必要に応じ、カウンセリングを取り入れながらの対機面接法で内観を進めますので、三日間という短期間で、心身が大きく改善していく――それが心身めざめ内観療法なのです。

4. 心身めざめ内観――対機面接法

従来の内観療法では、面接時に研修者の告白を、面接者が傾聴するだけでしたが、心身めざめ内観療法では、研修者一人ひとりに寄り添う、対機面接法を実践しています。

お釈迦様は医王仏ともよばれ、心の病を治す、優れた医師でもあると称《たた》えられました。お釈迦様は、悩み、苦しむ人、それぞれの背景や知的レベルに合わせた対機説法をして、苦しみから救ったといわれます。仏教で機というのは、心を表わします。動機、という言葉がありますが、心は環境や他人との関係など、外からの作用によって動くので、機といわれるのでしょう。

有名なキサーゴータミーの話を例にとって説明いたしましょう。

とあるインドの村、愛児の遺体を抱いて途方にくれたキサーゴータミーは、泣き叫びながら、村中の人に「この子を生き返らせて下さい」と哀願していました。

そんなことができるわけもなく、この女は気がふれている、と誰もが相手にしませんでした。

しかし、彼女をかわいそうにと思った人が、きっとキサーゴータミーを救ってくれるだろうと思い、お釈迦様の元に行くように勧めました。

必死ですがるキサーゴータミーにお釈迦様は、「子供を生き返らせてあげるから、死が訪れていない家からけしの実を三粒もらってきなさい」と言います。けしの実は、当時インドでは、どこにでもある香辛料でしたので、キサーゴータミーは、そんなことで子供が生き返るのならと、喜んで村を訪れました。しかし、「昨年夫をなくしました」「親をなくしたばかりです……」村中の家、全て回っても、死人が出ていない家はなかったのです。

ぐったりとしてお釈迦様の元に戻ったキサーゴータミーは、死は人間として誰もが避けられないことであるという事実を受け入れ、その場で我が子を埋めて、お釈迦様の弟子になったと伝えられています。

お釈迦様は、キサーゴータミーに直接、説法をしていません。それよりも、今、必要なのは、彼女が自分の体験によって気づくこと。そうしなければ子供の死を受け入れることは困難であると、見抜かれたのです。

カウンセリングでも心理療法でも、大切なのは、まず、気づくことです。

お釈迦様が相手に合わせた対機説法を行ったように、心身めざめ内観では、対機面接によって、研修者それぞれに適切なアドバイスやカウンセリングを導入しながら内観を深めるサポートをしています。

5. 心身めざめ内観――内観の方法

〈内観は自分の心を観る方法〉

丹田呼吸法で心と身体がほぐれ、リラックスできたところで、内観に入る準備が整いました。いよいよ、内観を始めます。

内観とは、文字通り、自分の心の内を観察する、ということです。内観療法は、自分の心を見つめる方法のひとつです。内観療法は、精神的に健康な人が自己反省法、自己発見法として行う場合と、うつ病や依存症、心身症などで苦しむ人が心理療法、精神療法として行う場合があります。

精神的に健康な場合でも、私たちは生きていればいろんな問題にぶちあたりますし、これから先どうやって生きていこうかと、人生の方向性を決めかねる時が誰にでもあります。中には、同じ失敗を何度も繰り返してしまう人、人間関係の問題を常に抱えて悩む人がいますが、その原因を探り、人生のリセットをしたい時に、内観療法はとても助けになります。

〈求められる内観〉

内観は、教育、矯正、企業の研修、医療の現場等で必要とされてきました。

日本とヨーロッパの各地でホームルームの時間などを利用して内観を取り入れている小、中学校があります。元青山学院大学法学部教授の石井光先生は、弁護士や検察官等、法律家を目指すゼミの学生たちに、リーガルマインドを磨くために内観療法を体験させていました。

私は大阪学院大学の国際センターで、世界各国から集まる留学生たちに、内観や森田療法など、日本式心理療法と日本人の文化や精神性について講義をしています。各授業の最初に、五分間の呼吸法と気功、五分間の内観を併せた、心身めざめ内観を導入していますし、少年矯正施設での指導や、カウンセリングにも適用しています。

また、看護大学の授業、あるいは看護師の研修会等で燃え尽き症状を防ぐための心身めざめ内観を導入しています。

内観は、設立当初、刑務所に導入されました。内観療法を体験した収監者がいる施設では、再犯率が約四〇パーセント低くなったという当局のデータもあり、現在も刑務所や少年院で内観を取り入れている地域があります。

会社や企業では、新人研修や昇格時の研修に内観療法を取り入れているところがあります。また、個人的に内観を希望される方は、全国にいくつかある内観研修所で内観を行うことができます。

内観療法の治療対象となる、精神的に不健康な人というのはアルコールやギャンブル等の依存症、拒食症などの摂食障害、パニック障害などを含む不安障害、引きこもりや登校拒否などの適応障害、抑うつ症状や、心の悩みが症状として体に現れる心身症等に効果があります。

これらの精神障害がある人たちが研修する場合は、症状によって注意をする必要がありますが、基本的には、精神的に健康であるといわれる人も、そうでない人も、内観の方法は同じです。


〈内観・心身めざめ内観に不適応な人〉


一般に、内観研修に不適応なのは、幻覚、幻聴症状がある、被害妄想や非現実的な考えが強い、うつ状態が強く自殺願望のある人、自分を責めすぎる傾向がある人です。これは心身めざめ内観研修でも同様で、担当医師からの紹介がない場合にはお受けできません。

また、向精神薬等を服用しているために内観に集中することが難しい場合、通常の効果が期待できません。うつ症状や不安症状を経験するのは非常に辛いことですが、薬物療法では一時的に症状を抑えるだけで根本的な治療、解決にはなりません。

本当に人生を出直したいのであれば、まず自分の心の内をしっかりと観る必要があるでしょう。


〈内観のプロセス〉


内観療法では、自分の人生にとって重要な人たちと、自分との関係を、相手の立場になって調べていきます。通常、誰の人生においても最も身近で重要な人といったら、産んでくれて、育ててくれた母親になるでしょう。

しかし、事情があって母親に育ててもらえなかった人、あるいは、虐待を受けるなどして、母親との関係を調べることに抵抗を感じる人は、母親の代わりとなって面倒を見てくれた人を、最初に内観の対象として選びます。

どのようにして、その人との関係を観るのでしょうか？

内観は、次の三つの質問、

（1）してもらったこと
（2）お返ししたこと
（3）迷惑をかけたこと

をテーマとし、自分の人生を年代順に区切って調べます。

例えば三五歳の人であれば、
（1）生まれてから六歳までの期間
（2）小学校時代
（3）中学校時代
（4）高校時代
（5）二〇代
（6）三〇代
（7）三一歳～現在
のように分けて、その各年代を内観の三つのテーマに沿って、生まれてから現在までを振り返っていく作業です。

この場合ですと、内観に入り最初に取り組むのは、生まれてから六歳までの期間に、母親が自分のために「してくれたこと」、自分が母親のために「して返したこと」、自分が母親に「迷惑をかけたこと」を一～二時間かけて調べることです。

そして、次の一～二時間を、小学校時代、その次を中学校時代、というように、母親との関係を生まれてから現在まで調べます。母親との内観が一通り終わると、次は父親、兄弟姉妹、配偶者、子供……と相手を変えて、三つのテーマに沿って、自分の人生を相手と出会ってから現在まで、あるいは別れるまでを調べていきます。

この内観のプロセスを、静かな場所で、ゆったりした姿勢で座り、外界との関わりを一切遮断して、一日に約一五時間、数日間、かけて行うのです。これを、集中内観といいます。

集中内観に入ると、テレビやネット、ラジオ、新聞など外界からの刺激は一切遮断されます。携帯電話も内観が終わるまで施設に預けることになり、緊急時以外は外部からの電話を受けることもできません。内観研修者が接触できるのは、一時間か二時間に一度、面接に訪れる面接者だけとなります。

面接の方法としては、内観面接の先生があらかじめ出していた課題に内観研修者が取り組み、その報告をするという形です。

例えば面接者が「今までの時間は何について内観して下さいましたか？」と尋ねます。すると研修者は、

「今までの時間は母親に対する小学生時代の自分を内観していました。母親が私にしてくれたことは、毎日食事の支度や、洗濯をしてくれていました。お返ししたことは、母の日には、肩たたき券を作ってプレゼントしました。迷惑をかけたことは、時々体調が悪いと嘘をついて、学校を休み、母に心配をさせてしまいました」

というように、思い出したことを、簡潔に、五分程度で報告します。すると、面接の先生は、「有難うございました。次は中学生時代のご自分とお母さんとの関係を調べてください」と次の課題を残して去っていきます。

心身めざめ内観の対機面接では、これに加え、必要に応じて、研修者の内観を深めるための質問や、アドバイス、カウンセリングを導入します。

内観に関して、よく受ける質問の一つに、「相手に迷惑をかけられたことについて調べなくても良いのですか？」というものがあります。

しかし、この問題に対しては、内観で調べるまでもなく、既に私たちは良く知っていることなのです。例えば、私たちは家族など、身近な人にしてもらったことは、当たり前だと思いがちで、特にお世話になったことに対して感謝してお礼を言う、ということをしません。

自分が人にしてあげたことは、恩着せがましく、いつまでも覚えています。また、人にかけられた迷惑も、いついつまでも覚えていて、「あの人は私にこんな迷惑をかけたのに、謝罪の一言もなかった」などと、思い出しては腹を立てることがあります。

しかし、自分が他人にかけた迷惑というのは、思い出すための努力が必要です。自分は人に迷惑をかけるような存在だということを認めたくないので、普段は都合よく忘れていますし、思い出せば心が痛むので、できれば向き合いたくないのです。

しかし、調べようが調べまいが、自分が人にお世話になったり、迷惑をかけてきた過去は、変えられない事実なのです。その事実に気づくか、気づかないか、そして、気づいたことにどう向き合うかは、自分次第です。けれど、調べなければ気づけません。何も変わりません。

内観は、普段自分が見ない角度から自分を調べていく方法なのです。夜、日記をつけたり、一日を振り返る人はたくさんいるでしょう。しかし、自分の感情中心でものごとを振り返り、他人に対し怒ったり、悔やんだり、喜んだりするのでは、いつまでも自己中心的な枠の中から出られません。内観で客観的に振り返るからこそ、それまで見えなかったことが見えてくるのです。

〈内観で大切なこと〉

まず内観で大切なのは、事実を思い出すこと。実際に起こった出来事を思い出すことです。この、過去に起こった事実を、具体的に違う角度で観直す、というのは、一般のカウンセリングとは異なるところでしょう。

カウンセリングでは、最初に感情を吐き出したり、今、どう思っているか、ということをカウンセラーに聴いてもらいますが、内観は、感情をひとまず置いておいて、実際に起こった出来事を思い出すのです。

内観の質問に沿って過去のことを観直すと、嬉しかったり、悲しかったりと、当時の感情がよみがえるかもしれません。それは自然なことです。けれど、見方によって感情は変わっていきますが、過去に起こった事実自体は変わらないのです。

内観で大切なのは、感情にとらわれず、実際に経験したこと、起こった出来事を、できるだけはっきりと、内観の三つのテーマに沿って思い出す、ということです。すると、感情に囚《とら》われていて、それまで見えなかった事実が、客観的に見えるようになります。

次に大切なことは、相手の立場にたって、過去の出来事を観直す、ということです。例えば、母親との内観をする時は、自分がお母さんになったつもりで、当時の自分を観るのです。

他人の立場にたって自分の在り方を振り返ると、自分の都合で物事の良し悪しを判断していた自分の心に出会います。問題が起こると、その原因を他人のせいにして恨みを募らせる人がいますが、果たして本当に他人が全て悪いのでしょうか。

内観で客観的に自分を見つめ直すことによって、ものの見方が歪んでいたことによって作られてきた心身の不調が大きく改善されます。しかしながら、通常の集中内観は、一週間という治療期間が必要になります。

内観研修所に入り、慣れない環境の中、じっと座って過去の出来事を遡って思い出すのは、容易ではありません。三日目までは思い出すことが難しく、想起することに対する苦痛で、内観を諦めて帰宅してしまう人もあります。これを〝三日目の壁〟とも言います。

ここで耐えれば、心身が集中内観の環境に馴染んで、三日目後半から、驚くほどたくさんの過去の出来事が鮮明に思い出されるようになり、集中内観の素晴らしい効果が期待できるようになります。

しかしながら、多忙な日々を送る現代人にとって、一週間仕事を休んだり、家を空けるということは、六〇年前の内観創設時より、かなり難しい状況にあるのではないでしょうか。また、せっかく時間を取って一週間の集中内観に臨んでも、三日目の壁にぶちあたり、研修を放棄してしまう人がいるのも問題です。

そこで、内観療法に呼吸法、気功を導入した、心身めざめ内観が誕生したのです。内観導入時に自律神経を整え、脳内ハッピーホルモンを分泌させます。さらにカウンセリングを導入した対機面接によって、三日間で一週間の集中内観と同等の効果が期待できるようになりました。

呼吸法で心身をリラックスさせ、気功でエネルギーと血流を循環させることによって、脳が活性化し、心が開きます。これまでの一週間の治療期間を三日間の最短で最大の内観の効果を引き出す。それが心身一如をコンセプトとした心身めざめ内観なのです。

6. 心身めざめ内観――日常生活に根付く爽やかな習慣

内観も心身めざめ内観も、内観の方法を体得したら、日常生活にしっかりと根付かせることが必要です。内観の創始者、吉本先生は、一週間の集中内観を終えたら、そこからが内観生活のスタートであり、毎日二時間、自分で時間を見つけて内観を行う日常内観の大切さを強調されています。

せっかく内観で改善した癖や歪んだものの見方も、自己反省から生まれた爽やかな気持ちも、一か月もすれば徐々に忘れてしまいます。そして、内観体験前の自己中心的な心や、ネガティブな思いが再び頭をもたげてきます。それだけ、何年、何十年と生きてきた間に培ってきた癖や習慣は、強い力をもっているのです。魔法はありません。研修前の自分に戻りたくなければ、研修中に体得した、良い習慣を継続する必要があります。

心身めざめ内観を研修していただいた方には、朝晩数分の呼吸法と、その日、一日の出来事を内観の三つの質問で振り返っていただくよう指導しています。

一日の終わりにお風呂の中で、あるいはお布団の中でも良いですので、今日はどこに行って何をしたか、どんな人にどんなお世話になり、自分が他人のためにしてあげたことはあったかどうか、迷惑をかけたことはなかったかどうかを振り返ります。数分で良いのです。

呼吸法と日常内観をして、その日を閉じることによって、心身が安定します。例え失敗したり、思うように物事が運ばなかった日であったとしても、色々な人に支えられているからこそ、今日も無事に終わったということが、心から頷《うなず》けます。一日を気持ちよくリセットし、安心して次の日を迎えることができます。心身めざめ内観が日常生活に根付くと、爽やかに毎日を過ごせるようになります。

第2章
心身めざめ内観七つの実例

1．母親への心身めざめ内観

〈母親への憎しみを募らせて〉

ここで、心身めざめ内観によって、リストカット、パニック障害を克服した女子高校生の症例をあげます。

高校二年生、恵美さん（仮名）は、一年生の終わり頃より、不安を感じることが多くなり、リストカットを始めるようになりました。恵美さんのご両親は、彼女が小さい頃に離婚し、母親は、女手一つで彼女と姉の、二人の子供を育ててきました。

恵美さんは、美人で成績の良い姉に対し、常にコンプレックスを感じ、誰からも認められない存在だと思っていました。特に母親に対しては、愛情を与えてもらっていないと感じていました。自分が何をしても上手くいかないのは、全部お母さんのせいだ、と嫌悪感と憎悪を募らせるようになったのです。彼氏に別れ話をされたことが引き金となり、リストカットをするようになり、また、パニック障害の症状も出るようになりました。

嫌なことがあった時や、テレビを見ていて、悲しいシーンや辛いシーンを見ると、発作的にリストカットしてしまうのだ、と言います。リストカットすると、物事に対して「まあ、いいや」という気持ちになり、心が落ち着くのだそうです。

ある日、学校でパニック発作を起こした恵美さんは、救急車で総合病院に運ばれましたが、そこから地元で著名な精神病院に送られ、その夜は点滴治療など受けて入院することになったのです。

廊下で出会った看護師さんに、しばらく話を聞いてもらっていましたが、もう遅いから部屋に戻りなさい、と促されました。病室に入った途端、「ま、いいか」という気持ちになり、次の瞬間、自分でも知らない間に病室の窓を開け、三階の病室から外に出ていました。

彼女は、今でも病院のザラっとした、コンクリートの壁の感触をはっきりと覚えているといいます。そして、次の瞬間、無意識に三階から飛び降り、気づいたら、土の匂いがしていた、といいます。

彼女は、幸いにも、花壇の上に落ちたのでしたが、それ以外の地面はコンクリートに覆われていました。花壇の土のお蔭で命拾いしましたが、腰の骨を折る重傷で、再び救急車で搬送された総合病院の医師からは一生車イスの生活になるかもしれない、と告げられました。しかし、大変幸運なことに、三か月の入院生活後、奇跡的に回復し、以前の生活に戻ることができたのです。

その後、身体は回復したものの、恵美さんの心の闇は晴れないままでした。学校の先生と医師の勧めによって、私の元で、カウンセリングを受けることになりました。最初は、うなだれて、泣いてばかりいました。

「自分は死んだ方がいい。いなくてもいい人間だ。良い人が事故や災害で亡くなっていくのに、生きていても意味のない自分が生きているのが申し訳ない」。

大きな目に、とめどなく涙が溢れ、こんな風に繰り返していましたが、そう訴えるうちに、次第に心が落ち着いてきました。そして、三日間の心身めざめ内観を研修することに同意してくれました。

精神的不安症状のある人、悩み事のある人の身体は凝り固まり、深い呼吸をすることができません。恵美さんも心身共に緊張感が高い状態が続いており、顔も身体もこわばっていました。

恵美さんにはまず、体幹を意識させるストレッチを行ってもらい、身体をほぐしました。その後丹田の位置を確認して、無理なく良い姿勢が保てるよう指導し、丹田呼吸法をしばらく一緒に続けました。呼吸をしているうちに、恵美さんの顔から徐々に緊張が取れるのが見てとれます。

五分ほど呼吸を続けると、うっすらと頬に赤みがさし、「こんなに深い呼吸をしたのは初めてのような気がします」と、ほっとした表情で話してくれました。

その後三日間、恵美さんと朝・晩の丹田呼吸法と、気功法を行いながら、内観で自分を振り返ってもらいました。恵美さんには、過去の出来事を思い出せない時、あるいは嫌なことを思い出して不安になった時は、丹田に手をおいて、ゆっくりと呼吸をするようにと、アドバイスをしました。恵美さんは、素直に私のアドバイスを聞いてくれて、頑張って心身めざめ内観に取り組んでくれました。

〈生まれて初めて見えてきた事実〉

憎悪していた母親との内観を実施して、恵美さんは、次のように話してくれました。

「私の家は一階がお母さんが経営するスナックで、二階が私たちの住居になっています。学校から帰って、お客さんの相手をしている母を見るのが嫌でした。夜は酔っぱらっているし、他の子のお母さんみたいに、きちんとしていてほしい、といつも思っていました。

でも、内観をしてみて、遠足の日には早く起きて、二日酔いでしたが、お弁当を作ってくれているお母さんの姿が浮かんだのです。そして、学校から帰った時、カウンター越しから〝お帰り〟と言ってくれるお母さんを思い出しました。夜は一緒にいてくれなかったけど、ずっと下のお店で、私とお姉さんを養うために、一生懸命働いていてくれたんだ。

私は決してほっておかれたわけではなかったんだ、と初めてわかったのです。それから、小さい時、手をつないでスーパーマーケットに一緒に行った時の手のぬくもりや、お弁当の中に入っていた卵焼きの色や味を思い出しました。

姉にも、大切にされていないという思いが常にありましたが、内観をしてみると、姉が、小さい私を喜ばせるために、でこぼこ道で私を乗せた自転車を押してくれている姿や、公民館に映画を見に行って、眠ってしまった私を背負って家路をたどる姿を思い出しました。

私は、それらを思い出しながら、泣いたり笑ったりしましたが、生まれて初めて、私のために、母や姉がどれだけ犠牲をはらっていてくれたかに気づいたのです。それなのに、私は、絶えず不満ばかり持って、してもらうことしか考えませんでした。

自分から母や姉のために何かをしてあげたことなんか、なかったのです。母親のことを大っきらいだと思っていましたが、今は、お母さん、有難う、今までごめんなさい、という感謝の気持ちで一杯です。

そして、母や姉、学校の先生やクラスメートなど、たくさんの方に迷惑をかけてきたのに、こんな私を見捨てることなく支え続けてくれていたことに気づきました。自分の欲求を満たすことや、人にしてもらうことばかり考えていた自分が本当に恥ずかしい。これからは、人のために何かできる人間になりたいです」。

そう話す恵美さんの笑顔は、最初に出会った時とは、全くの別人のように輝いていました。これまでは、母親や他人に、してもらえなかったことしか見てこなかった彼女は、寂しかったのでしょう。しかし、内観で客観的に振り返ると、母親を始めとする周りの人々にたくさんのことをしてもらっていたからこそ、生きてこられた、という事実が見えてきます。

恵美さんは、母親にどれだけの愛情をかけられ、お世話になってきたかという事実を観て、生まれて初めて、心から感謝したのです。だからこそ、いただいてきた愛にお返しができるような生き方をしたい、と思えるようになったのです。

恵美さんのように、内観の三つの質問で人生を振り返ると、自然と感謝の念が心から沸き起こり、人のために何かをしたい、と思うようになります。ストレス学説の父、ハンス・セリエ博士は、ストレスから逃れる上で、もっとも大切なことは感謝の心を持つこと。

そして長生きしたければ、社会貢献をしなさい、と言っておられます。確かに、感謝の心で満たされたうつ病患者や依存症の方はおりません。心身めざめ内観で、感謝をすることで脳のハッピーホルモンの分泌が促進され、心身のストレスが解消されることは間違いありません。

2. 父親への心身めざめ内観

〈虐待をした父親との内観〉

母親との内観がひと通り終わると、今度は父親との関係を振り返ります。母親と比べると、日本では父親の存在感が薄いように感じられますが、ドイツは父親が家庭の中心に位置するのだそうです。ドイツはキリスト教の影響もあり父性社会で、日本や他の国が母親との内観から始めるのと違い、父親との内観を最初に行うとのことです。

日本では、多くの働き盛りの父親が朝早くに出かけ、夜遅くに帰ってくるので、家族とすれ違いの生活になります。父親は子供とのコミュニケーションの取り方が、わからなくなっています。「お父さんとの内観をして下さい」というと、「お父さんには何もしてもらっていません」と拒絶する人さえいます。

そのような時に役立つのが、内観の技法のひとつ、「養育費の計算」です。生まれてから現在まで、親が自分のために使ってくれたお金を、なるべく詳しく計算していきます。

以下、表（83頁）のように、住居、衣服、食事、教育にかかったお金はもちろん、例えば、クラブ活動をしていたならユニフォーム代やシューズ、ボールの代金なども含まれますし、もしもペットを飼っていたなら、ペットのエサ代や獣医さんにかかった費用なども入れて、できるだけ細かく計算していきます。計算で出てきた代金よりも、実際に親が使ってくれたお金の方がはるかに多いかもしれませんが、この計算をすることによって、具体的に、どれだけ親が自分のために働いて、お金を捻出してくれたかが、良くわかります。

学生でもバイト経験のある子でしたら、働いてお金を稼ぐ大変さ、というのは、ある程度、認識しているでしょう。親が一生懸命働いてくれて、これだけの支援をしてくれた、と具体的に数字で見ると、もう親に何もしてもらっていない、とは言えなくなります。

昔、テレビのコマーシャルの影響で、「亭主元気で留守がいい」というフレーズが流行っていました。母親には、子供の前では決してこんなことを言ってほしくないと思います。

夫に対して多少の不満があっても「お父さんが毎日頑張って働いていてくれているからこそ、私たちの生活がある」、そんな風に子供に話して下さい。すると子供も、ご両親に感謝し、尊敬の気持ちが生じます。そして、そんな二人から生まれた自分自身に誇りを持って、生きていくことができるのです。

しかし中には、父親に受けた虐待から、父親との内観が難しい方もおられます。三〇歳のOL、美紀さん（仮名）は、子供の頃受けた父親の虐待が原因で男性に対する恐怖心を払拭《ふっしょく》することができませんでした。

それでもお付き合いに発展する男性が現れ、プロポーズされましたが、結婚にまで踏み切れず悩んだ末、心身めざめ内観に来られました。父親は漁師で、家にいないことが多かったのですが、かっとなるとすぐ、母親と子供たちに手をあげていました。

彼女にとっての父親は恐怖の対象でしかなく、思い出すのは、いつ父親の機嫌を損ねて暴力をふるわれるかと、びくびくしている自分の姿と、父に殴られ、血を流している母と弟の姿でした。内観では、内観研修者に強い抵抗のある相手との内観を無理強いはしませんが、美紀さんは、彼氏からのプロポーズに対する返事を見つけるためには、どうしても父親との内観が必要であると頑張っていました。

呼吸法、気功でリラックスし、父親との内観で不安を感じる時には、随時丹田呼吸法を行い、内観を続けていました。

心身めざめ内観中、研修者にとっての唯一の楽しみは、食事です。心身めざめ内観では、体に良い食材を選び、栄養やカロリーに気を付けて、できるだけ美味しい食事を提供しようと努力をしています。

養育費の計算　一例　28歳男性　（単位：円）

住　居（月）100,000×12か月×28年＝33,600,000
電　気（月）　10,000÷6人×12か月×28年＝560,000
ガ　ス（月）　10,000÷6人×12か月×28年＝560,000
水　道（月）　5,000÷6人×12か月×28年＝280,000
衣　服（年）　40,000×28年＝1,120,000
おやつ（月）　2,000×12か月×28年＝672,000
家　具（計）250,000

小計　37,042,000

おもちゃ（ゲーム機など）年20,000×12年（小6まで）＝240,000
自転車　4台　計　60,000
ステレオ　計　50,000
旅　行（国内）60,000×22年（大学まで）＝1,320,000
（海外）350,000×4回＝1,400,000

小計　3,670,000

百科事典　150,000
辞　書　50,000
水　泳（月）3,000×12か月×6年＝216,000
書　道（月）2,000×12か月×6年＝144,000
塾　（月）2,000×12か月×6年＝144,000

小計　704,000

保育園　100,000
小学校　100,000
中学校（月）5,000×12か月×3年＋40,000（その他）＝220,000
給　食（小中）年70,000×9年＝630,000
高　校　900,000
大　学　2,000,000

小計　3,950,000

こづかい　3～12歳　150,000
13～15歳　2,500×12か月×3年＋35,000×3年＝195,000
16～18歳　5,000×12か月×3年＋45,000×3年＝315,000
19～22歳　7,000×12か月×4年＋45,000×4年＝516,000
23～24歳　10,000×12か月×2年＋10,000×2年＝260,000

小計　1,286,000

合計　46,652,000

食事中に、親や大切な人が作ってくれた料理の味がよみがえり、それで内観が深まることもあるのです。美紀さんも、父親との内観に抵抗を感じながら、夕食の時間を迎えていました。食事中、彼女が改めて気づいたのは、いつもお母さんが美味しい食事を作ってくれていたことでした。けれど、よく考えてみると、その食事代を稼いできてくれたのはお父さんだった、ということでした。振り返ってみると、家族が不自由なく暮らしていけたのは、荒海で漁をしてくれていたお父さんのお蔭でした。

その父親に、自分は一回でも、「お父さん、お疲れ様でした」とか、「一生懸命働いてくれて、有難う」という言葉をかけて、労をねぎらったことはあっただろうか、という疑問がふと、美紀さんの心をよぎりました。そしてこのとき、生まれて初めて、父親に対する「ありがとう。ごめんなさい」という思いが、美紀さんの心の底から湧きあがってきたのです。

心身めざめ内観を続けるうち、美紀さんは、結局お父さんは幼少期を不幸な生い立ちで育った人で、妻子に対する愛情表現もわからないまま、寂しい人生を過ごしてきた人ではなかったか、という思いに至りました。そう受け止めることで、美紀さんの心は父親に対して折り合いをつけ、男性に対する恐怖心も薄らいだといいます。

その後、美紀さんは、恋人との結婚に踏み切ることを決心し、新たな人生へと漕ぎ出すことを選んだのでした。

〈計り知れない親子の縁〉

ここで言えることは、私たちは親に対してこうあって欲しい、親としてはかくあるべきだ、という期待を持ちますが、親もまず自分と同じ一人の人間で、人生を悩みながら、迷いながら生きてきた男性であり、女性である、という事実でしょう。

そして、家庭環境に強い影響を受けて成人し、やがて自らが子育てをする親の立場になるのです。内観によって、親の育ってきた環境や、通って来た人生に思いを馳せることによって、親の立場や気持ちを受け入れ、自分自身の問題の解決に至ることは少なくありません。

このように、育ってきた家庭環境、親子関係は、人間の一生に大きな影響を及ぼし、親子の縁というのは、計り知れないほど、深いものがあるのです。

子供は両親に十種類の恩があると、中国でつくられた仏教経典である「父母恩重経《ぶもおんじゅうぎょう》」の中に説かれています。その恩を、ここで簡単に説明してみます。

1．懐胎守護《かいたいしゅご》の恩《おん》

母親が体内に子供を宿して一〇か月、自分の血肉を子供に分け与え重病のような苦しみに耐えながら胎内で育てる恩。

2. 臨生受苦《りんしょうじゅく》の恩

全身がバラバラになるような痛みに耐えて、出産し、生命を与えてくれる恩。出産に際し、戦場に臨むような決死の覚悟が必要なので陣痛というのだそうです。

3. 生子忘憂《しょうしぼうゆう》の恩

どんなに出産が苦しくても、生まれた子供の顔を見ると、不思議と一切の痛み、苦しみを忘れ、誕生を喜んでくれる恩。

4. 乳哺養育《にゅうほよういく》の恩

母乳を飲ませ、温かい母の胸で養育してくれる恩。

5. 廻乾就湿《かいかんじゅうしつ》の恩

水のような霜の夜も氷のような雪の暁にも、乾いたところに子供を寝させ、湿ったところで親が休む恩。

6. 洗濯不浄《せんかんふじょう》の恩

子供が小便や大便をして衣服がぬれたり汚れたりしても、決して臭いとか汚いとかいって嫌がることなく、洗って清めてくれる恩。

7. 嚥苦吐甘《えんくとかん》の恩

8. 親が食物の苦いものを噛《の》み、甘いところを吐いて子供に与える恩。
為造悪業《いぞうあくごう》の恩
子供のためには、罪をも犯してしまう恩。
9. 遠行憶念《おんぎょうおくねん》の恩
もし子供が遠くへ行けば、その子供が帰ってくるまで心配しどうしで、待っていてくれている恩。
10. 究竟憐愍《くきょうれんみん》の恩
親の心が終生、子供から離れない恩。

私は、少年鑑別所の講師や、保護司として活動する中で、犯罪に関わった青少年とお話しすることがあります。この子たちの多くは、母親の顔を覚えていない、父親を知らずに育った等、複雑な家庭環境で育っています。しかし、子供は、親から生命をもらい、血肉を分けてもらわないと、育つことができません。

両親がいなければ、私たちは生まれてくることができなかったのです。本来、親は子供を育てるために、自分の身を削ってでも、愛情を注ぎ続けます。

私たち一人ひとりには、両親がいて、祖父母がいます。五代遡ると、三二人の先祖がいて、一〇代で一〇二四人、二〇代、約五〇〇年遡ると、一〇〇万人超。さらに三〇代、約七〇〇年遡ると、なんと私たち一人ひとりには、約一一億人のご先祖がいるのです。

そして、全てのご先祖のDNAが私たちの体には受け継がれている。その中の、どのご先祖が欠けても、私は存在することがなかったのです。こう考えてみると、私たちは決して偶然で誕生したのではなく、生命の大きな繋がりの流れの中で、親子としての深い縁が生じたのだと思わざるをえません。

3. 親を知らずに育った男性の心身めざめ内観

〈世界で一番大切な人は誰ですか?〉

内観を体験する方の中には、親の愛情を全く知らずに生きることを余儀なくされた方もおられます。

健さん（仮名）四二歳は、まだ乳飲み子の時、親に捨てられ、養護施設で育ちました。養護施設を出た後は、荒れた生活をし、窃盗《せっとう》や暴行の罪で、少年院や刑務所に入っていたこともあります。保護観察処分中、担当の保護司の先生から、内観について聞かされました。

今度こそ、人生をやり直すために挑戦してみよう、という思いで、心身めざめ内観を研修されました。孤児として育った健さんには身寄りはなく、どんなに厳しい、寂しい人生だったかと、察するに余りあります。

だからといって、罪を犯しても良い、ということは決してありませんが、親の愛情、もしくは親のように自分に関わってくれた人を知らずに育つと、自分の生命の大切さや愛しさを感じることは難しく、また、同様に他人の生命の大切さにも気づけないのです。

仏典「雑阿含経《ぞうあごんぎょう》」には、こんな話があります。ハシノク王とマツリカ姫は、とても仲の良い夫婦でした。いつものように、二人は手をつないで、美しい王宮の庭を歩いていました。ふと、王が姫に問いかけました。

「愛しい姫よ。あなたにとって、この世で一番大切な人は誰ですか？」

王は、当然、姫が「それはもちろんあなたですよ、王様」とにっこり微笑んで応えてくれるのを期待して待っていました。ところが姫は、じっと考えこんだあげく、長いまつ毛を伏せたまま、こう答えました。「私にとって、この世で一番大切な人は、自分自身だと思いますが……。王様、あなたはいかがですか？」

王は、姫の応えに一瞬驚きましたが、その質問に対して、自らも、ずいぶん考えてみました。その結果、やはり自分の身が、世界で一番大切だ、という結論に達しました。しかし、「はたして、これで良いのだろうか？」と二人は顔を見合わせて悩んだあげく、お釈迦様のところに相談に行きました。

二人の話を聞いたお釈迦様はにっこり微笑み、「それで良いのですよ」と答えました。そして、こう教えたのです。

「人の思いは、どんなに遠いところにでも行くことができる。けれど、例えどんなに遠いところに行こうとも、人は自分よりも愛しいものを見つけ出すことはできない。それと同じく、他の誰にとっても、自分自身がこの上もなく愛しい存在であると知る人は、他の誰にも危害を与えてはいけない」。

お釈迦様の言われるとおり、まず、自分を愛せるようになるには、内観によって肉親に愛され、大切にされてきた自分に出会うことが重要です。親はこんなにも愛情をかけてくれていたんだ、と気づくと、愛情をかけられて成長した自分は、掛け替えのない存在である、と心より認識できます。

しかし、この健さんの場合は親の顔も知らずに生きてきたわけですから、通常は最初に行う両親や、肉親との内観を行わず、社会で関わりのあった人々との内観をしていただいていました。

健さんは、「自分は捨て子だったのだから、親にしてもらったことなど、あるわけはない」と思いこんでいました。ところが、呼吸法の最中に、ふと、養護施設の先生が言われていたことを思い出したのです。「お前は神社の境内に捨てられていたが、きれいなおくるみを着せられ、首にはお守りがかかっていた」。

その言葉を思い出した時、健さんはこう思ったのです。「俺も、ここまで生きてくるのに、いろんな辛い思いをしてきた。だから、顔もわからない親を憎んできた。しかし、乳飲み子の俺を捨てざるをえなかった母親は、一体どんな大変な境遇を生きていたのだろうか」。

ここで生まれて初めて、健さんの中に、自分を捨てた母親の立場を思いやる気持ちが生まれたのです。確かに、健さんのお母さんは、本当に身を切られるような思いで健さんを神社に置き去ったのではないでしょうか。神社にお参りに来るような信心深い人なら、きっとこの子をなんとかしてくれる……そう願いをかけたのだと思います。

そして、この時をきっかけに、健さんは、こう思いました。「確かに俺の人生は苦労の連続だった。しかし、養護施設の先生や、社会の中で多くの人たちと関わってきたおかげで、ここまで生きてきたことができたのではないか」。

〈被害者意識からの脱却〉

ここから健さんの内観がどんどん深まっていきました。これまでの人生は被害者意識のかたまりでしかなかった、と健さんは言います。

「他人に蔑まされたのは、親がいないという理由だけではなかったのではないか。自分は素直に物事を見ることができず、猜疑心《さいぎしん》の塊で、人に良くしてもらっても、全く感謝の心がなかった」。

内観の視点で振り返ることによって、今までの恨みに凝り固まった人生が、多くの人やものに支えられていたからこそ、生きてこられた人生、という風に、大きく転換されたのです。また、窃盗《せっとう》や暴力事件で、他人に、どれだけ多大な迷惑をかけてきたか、ということを、心より悔い、懺悔の涙を流しました。

「自分には家族も、友人もいない。孤独だった。でも、こうやって内観に出会って人生を振り返ってみると、いつもどこかで、何かに見守られてきたのではないか、と思う」。

健さんの、この言葉を聞いて、これまでと全く違う思いで人生をやり直してくれると、私は心から安堵しました。

内観の創始者、吉本伊信師は、当時、奈良県の教誨師《きょうかいし》(注4)であり、創設当時の内観は、全国各地の刑務所や少年院に導入され、顕著な効果を上げました。内観を研修した受刑者のいる刑務所では、再犯率がおよそ四〇パーセント下がった、という記録があります。

健さんの場合も、前述の恵美さん、美紀さんの場合も、過去は同じです。過去は変わっていません。しかし、過去の見方がかわっただけで、自分の人生を全く違う形で見られるようになったのです。

そして、健さんのように、生涯親と関わりをもたず、非常に苦労をして生きてきた人も、心身めざめ内観によって、他人や社会との繋がりに気づき、心から感じることによって、生き方を一八〇度転換させる人もいます。私たちは、人と人との絆、繋がりの中にいるからこそ、生きていける、生かされているのです。

〈絆と繋がりの言葉「いただきます」と「おかげさま」〉

この私は、例えどんな存在であっても、生きているだけで、自動的にたくさんのものを受け**取っています**。あなたは、食前に手を合わせて、「いただきます」と言っていますか？「いただきます」の言葉の意味を、ご存じでしょうか？

最近では学校で、給食費を払っている、という理由で子供に「いただきます」を言わせない親や、それを真に受けて、ピッと笛を吹いて、食事の合図をする学校があるそうです。

これは、「いただきます」の本当の意味を知らないからです。「いただきます」は、あなたの命を「いただきます」という意味なのです。考えてみて下さい。給食のプレート、あるいは、コンビニで買うお弁当の中身にも、どれだけの命が詰まっていることか。

豚や牛や魚や鶏、そして、野菜やお米、それらの命をいただいて、私の今日の命があるのです。生き物の犠牲のおかげで、私が生きていけるのです。食材、という言葉がありますが、食べられる方の身になってみれば、身の毛もよだつ言葉ではないでしょうか。台所では、肉や魚を刻んだり、油で揚げたり、煮たり、時には生きたままのカニやエビを熱湯の中に入れて、殺してしまいます。

生きているカニは、最初は塩水の中に入れられ、海の中に帰ったように思い、ほっとします。それもつかの間、熱湯でぐつぐつゆでられて、殺されてしまいます。それを美味しい、美味しい、と食べる私たちは、食べられる側にとっては、正に鬼でしょう。

地獄の在り様を描いた地獄絵図には、地獄で鬼たちが亡者たちを、釜でゆでたり、切り刻んだりしている、身の毛もよだつ、恐ろしい様子が描かれていますが、私たち人間が使う台所も、調理される側にとっては、地獄絵さながらです。地獄の鬼たちに責められる人間は、生前に悪いことをした報《むく》いですので、自業自得と言えるでしょう。

しかし、私たちが調理して食べる魚や豚たちにとっては、全く理不尽な話です。詩人の金子みすゞは、そのような思いを、「おさかな」という作品で表しています。

「海の魚はかわいそう。お米は人につくられる、牛は牧場で飼われてる、鯉もお池で麩《ふ》をもらう。けれども海のおさかなは、なんにも世話にならないし、いたずら一つしないのに、こうして私に食べられる。ほんとに魚はかわいそう」。

また、私たちが普段使うお化粧品や、薬が開発される陰にも、動物実験で犠牲となった多くの動物たちの存在があります。

例えば、ウサギは涙腺が未発達で試験液が涙で流されないため、お化粧品のアイメイクや目薬を開発するための実験に使われます。また、寄生虫の研究をするために、猫や犬、モルモット等に寄生虫の卵を飲ませ、やがて寄生虫の感染経路や生態を調査するために、解剖を繰り返すわけです。薬物を開発するために、犬に大火傷を負わせる実験もあります。

このように、私たち人間が生活していくために、犠牲になっている命が無数にあることを決して忘れてはいけません。食前の「いただきます」とは、この私が生きていくために生命を奪われた動植物への感謝と、懺悔を捧げるための言葉なのです。

「おかげさま」という言葉にも、深い意味が込められています。以前、牛の供養をしたい、とお肉屋さんが相談に来られました。自分が生きていくために、多くの牛の命を奪っている、それが忍びない、と言うのです。そのお肉屋さんが牛を殺す時の話をしてくれました。

牛も、殺されるのがわかるのです。農家でかわいがられて育った牛は、覚悟して、大人しく牛舎から出てくるが、虐待されてきた牛は、最期まで暴れるのだそうです。いざ殺される時は恐怖で腰を抜かしてしまうものや、涙を流す牛、ぺろぺろと、人間の手をなめて、「どうか殺さないで」と懇願する牛もいるといいます。

私は、その話にショックを受け、「それで……どうするのですか?」と伺うと、その方は、心で泣きながら、牛にこう言われるのだそうです。「悪いなあ。許してくれ。お前を食べる人間がいなければ、わしらの仕事もないんだよ」。

私は、お肉が大好きですが、もし牛を食べるために、私が牛を飼って育てて、殺して、解体して……となると、とても牛を食べる気持ちにはなれません。このお肉屋さんのように、誰かが、あるいは、会ったこともないどなたかが、私にはできないお仕事をして下さるからこそ、私がお肉を食べられるのです。同じことが魚やお米や野菜にも言えます。

漁業や農業に携わる人、また、それを流通するシステムに携わる人、販売してくれるお店があるからこそ、私が食べたいものを買って、いただくことができるのです。このように、人や物との関わりが、直接見えなくても、確かにお互いに関わって、繋がっている。

だからこそ、私が生きていける事実を「おかげさま」と言います。かげ……陰に隠れていて見えなくても、確かに存在して、私を支えてくれている繋がり、絆なのです。以前、日本人は、よくこのように挨拶を交わしていました。「お元気ですか？」「はい、おかげさまで」この「おかげさま」の心が、今、日本で失われつつあります。

「いただきます」も「おかげさま」も、仏教の思想から紡《つむ》ぎだされた言葉です。内観が深まってくると、このように、生きているだけで、たくさんの人との繋がりや動植物、自然の恩恵を受けて、生かされている自分である、ということに気づかされます。

内観を経験された方たちの多くは、「私はこんなにも多くのことを与えられて、愛されて生きてきたのに、なんとお返ししたことが少なかったことか。そして、迷惑をかけ続けてきたのに、許されて生きてきたということに初めて気づかされました」と言われます。

こういった言葉を口に出される時、その人の表情は、穏やかで、充足感に満たされ、優しさに満ち溢れています。それまでの、不安や怒り、哀しみは、見る影もありません。

内観をしたからといって、過去が変わったわけではありません。過去は同じ。起こったことは同じ。しかし、これまで気づかなかったことに気づいたので、過去の見方が一八〇度、変わったのです。そして、それに伴い、これからの認知の仕方、行動、他者との関わり方も変わっていくのです。

4. 子供への心身めざめ内観

〈負の連鎖を断ち切るための親子内観〉

私たちは、お互いに支え合って、生かされている、ということに気づくことによって生き方が変わる、ということをお話ししてきました。しかし、残念ながら、現代社会では絆や繋がり感が乏しくなり、学校ではいじめや、それに伴う自殺が大きな問題になっています。いじめや自殺など、最近はなんでも学校の責任にされる傾向にありますが、私は全て学校の責任であるとは、思いません。

学校は、学力や知識を身につけ、他人と共存する社会性を培うところです。それに対し家庭というのは、子供の基本的性格を形成し、一人の人間として、社会で自覚と責任を持って他人と関わることができるように教育する役割を担う、大切な共同体です。

「三つ子の魂百までも」と言われますが、これは単なる諺《ことわざ》ではなく、医学的にも裏付けられるのです。家庭環境や親の教育に問題があるからこそ、学校での問題行動に繋がるのです。これから、そこのところを医学的に説明していきます。

〈DNAと家庭環境〉

万物の霊長と呼ばれる私たち人間と、他の動物とでは、DNA(注5)には、大きな違いはありません。特に人間とチンパンジーでは、DNAの九九パーセントが共通しています。

また、なんとハエと人間の全遺伝情報であるゲノムは四〇パーセントが共通しており、最近ではウニと人間では遺伝子数がほぼ同じで、七〇パーセントのゲノムが共通である、と二〇〇六年、アメリカの権威ある科学雑誌「Science」で発表されています。けれども、DNAがほぼ共通している人間とチンパンジーでさえも、脳の構造に大きな違いがあり、それゆえに人間を万物の霊長と言わしめているのです。

人間の大脳は、一番表面の部分を新皮質と呼ばれる神経細胞のかたまりによって覆われています。他の動物にも新皮質はありますが、非常に薄く、人間のように発達していないのです。

その新皮質の奥には、食欲・性欲・集団欲など、動物に備わっている原始的な欲求、本能を司っている旧皮質（大脳辺縁系）があります。その旧皮質の奥に、脳の中心部である間脳があります。間脳は、心臓や胃腸、肺臓など、さまざまな内臓器官を動かす働きを司り、人間、あるいは動物が生きていく上で重要な中枢です。

植物人間というのは、事故や病気などによって大脳の新皮質や、さらに旧皮質が死んでしまった状態で、間脳だけで生きている状態のことです。新皮質、旧皮質が機能していないので、体を動かすことも、他人を認識することも、言葉を発することもできません。けれど、心臓は動いていますし、胃の中に食べ物が入ると、胃が動いて消化吸収することはできます。ただ、横たわって生きているという状態なのです。

このように、動物の大脳は新皮質、旧皮質、間脳という三つの領域に分けることができます。他の動物と比べ、はるかに発達した人間の新皮質の働きは過去の記憶や知識を蓄え、その記憶を組み合わせて新しいものを作り出していきます。

まるで高度なコンピューターのように、次々と創造する能力や、他の動物にはない、感謝や懺悔、「もったいない」「ありがたい」「おかげさま」などの高等な感情を生み出すことができるのです。京都大学霊長類研究所の松沢哲郎博士の研究によると、チンパンジーの認知は、「今」「ここ」にあるものに集中していて、目の前の瞬時の記憶に脳を活用しているのだそうです。

それゆえ、実験による数字の記憶力では、チンパンジーの方が人間よりはるかに優れていることもあるということです。それに比べ、人間の場合は、新皮質の発達によって、時間や空間を超えて、ここにない未来を思い浮かべて取り越し苦労をしたり、過去のことをいつまでも悩んだりする、ある意味やっかいな能力があるわけです。

この能力が優位に働く場合には医学や化学の発達や芸術を生み出す創造力、原動力となります。逆に悪い方向に働く場合には詐称事件や計画犯罪、報復、最悪の場合は戦争という事態さえも引き起こすわけです。


〈三つ子の魂百まで〉


新皮質は、生まれたての赤ちゃんでは、まだ全く働いていません。新皮質に次々と新しい記憶をインプットしていくために、育て方次第ではチンパンジーや豚、オオカミのようにさえなる可能性があります。人間として生きて、生活をしていくために必要なことを、一つひとつ記憶し、覚えていかなければ、人間は人間になっていかないのです。

人間を人間として育て上げ、一人前にするために、母親、父親が並々ならぬ努力を重ねて子供を育ててあげてきたのです。人間として生まれても、このように赤ん坊のうちは新皮質の発達が不十分で、旧皮質の働きに頼って生きていますので、その意味では動物に近い状態といえるでしょう。

ものごとを覚えたり、思い出したりする記憶の働きは、新皮質で行われますが、覚えた内容を忘れないようにする働きは、旧皮質の海馬で行われます。怒りや恐怖、痛みなどの情動に関する体験は、海馬に刻まれ、貯蔵されます。旧皮質は、新皮質より様々なストレスにさらされ、傷つきやすいといわれます。知的な働きを司る新皮質が発達していない乳幼児は、自分に起こった生の体験が、そのまま印象づけられます。

ですから、乳幼児の頃の、特に情動を伴う経験は、成人してからの性格を作る基礎となるのです。つまり、人間が一生のうち、もっとも影響を受けやすいのは子供の時であり、幼児期に周囲が与えた印象は、その人の一生に拭いがたい重要な影響を及ぼすのです。両親がどのように子供に接してきたかが、成人後の人生観に大きく影響するのです。

このようにして、本人が気づかないうちに形づくられた幼時期の経験や記憶が、歪められた性格の根源となっているといえましょう。「三つ子の魂百まで」というのは、このような理由から来ているのです。

脳の構築は三歳ごろまでに一応の準備を終えて、七歳ごろで、新皮質としての機能が備わります。一五、一六歳でほぼその発達を完了することから、七歳の学齢期までに、子供が受ける周囲からの影響が、いかに根深いものであるかが、生理学的にもわかります。ですから、学校に入るまでに、親が子供に教えるべきことはたくさんあります。子供は親の背中を見て、親をお手本として成長しますので、子供に何らかの問題がある場合は、親は学校や他人のせいにする前に、まず自分の在り方を振り返っていただきたいのです。

親は愛情と手間をかけて育ててきたつもりなのに、子供が問題行動を起こしたり、心の病を発症してしまうことがあります。子供の登校拒否や引きこもり、家庭内暴力などで、困り果てた親が、子供を連れて私の元に相談に来て下さいます。

しかし、原因は子供だけではなく、親や家庭の在り方だということを、まず理解していただく必要があります。例え、心身めざめ内観を受けて子供の状態が改善したとしても、その原因である親が変わらなければ、子供はすぐに、元の状態に戻ります。

ですから私は、お子さんのケアをお受けする時には、必ずご両親も、少なくとも母親か父親のどちらかだけでも、心身めざめ内観の研修を受けていただくようにお願いしています。


ここで、実例をあげます。三三歳の秀明さん（仮名）は、日本でも有数の名門大学に入学しましたが、二年生の半ばで、大学に行かなくなってしまいました。以来、実家で引きこもりの生活を送ってきました。

地元の名門大学で教授をしていた父親は、数年ほど前に膵臓《すいぞう》ガンのため、亡くなっています。家には秀明さんと母親、祖母、妹が残されました。秀明さんはカウンセリングを受けることには同意しましたが、心身めざめ内観に対しては、抵抗がありました。そこでまず、母親に心身めざめ内観を受けていただきました。

心身めざめ内観中母親が気づいたことは、自分が息子さんを心配するあまりに、彼の人生の様々なことに口を出し、代わりに決断してきたことでした。結局息子さんが自分の意志で人生を歩んできたわけではなく、全て母親が望んだとおりの道を大学二年生まで歩んできたのでした。

秀明さんの父親も祖父も、代々地元の大学の法学部の教授でした。母親は、姑と折り合いが悪く、息子には、姑へのあてつけから、さらにランクの高い、県外の大学の法学部に入ることを勧めました。息子が浪人せず、志望校に入った時の喜びは、天にも昇るようだったと、話してくれました。

しかし、もともと秀明さん自身が学びたくて入った大学ではなく、熾烈《しれつ》な受験勉強の末に大学に入った時点で、心身ともに燃え尽きていました。さらに、大学で秀才のクラスメートに囲まれた彼は、徐々に自信を失っていきました。やがて、授業についていくことができなくなり、大学に行くのを止めてしまいました。

人生で最初の挫折を味わった秀明さんは、すっかり自信を喪失してしまい、引きこもるようになり、挙句の果てに、母親に暴力を振るうようになりました。内観中、母親は、「私が何もかも息子の行動や人生を決めてしまったので、息子は自分の意思で決断することができなくなってしまったのですね」と報告してくれたのです。

さらに母親は、自分と自分を産んでくれた母親との内観をするうちに、なぜ息子の人生に口出しをし過ぎたのか、ということにも気づいたのです。秀明さんの母親は、四人兄弟の真ん中で、兄や妹たちに比べ、自分は両親から大切にされていないと感じながら育ちました。

その上、両親は共働きであったため母親も忙しく、自分は母親から勉強を教わったこともないし、面倒を見てもらった覚えもない。誰にも頼ることができず、なんでも自分が考えて行動しなければならなかったといいます。

そして、もし子供ができたら、自分はこんな母親には絶対にならない。子供には十分な愛情を注ぎ、どんなことでもしてやり、しっかりした教育を受けさせよう、という思いで子育てをしていたのです。自分が親にしてもらえなかったことを全てしてやろう、と思った結果が、子供の自主性を奪ってしまったのでした。

カウンセリングを進めるうちに秀明さんは、母親と祖母の確執を見て育ったので、女性にかかわるのが面倒だ。結婚はしたくない、と話してくれました。しかし、万が一自分が親になった場合は、「自分は親からのプレッシャーや、干渉されることが辛かった。子供にはあまり関わらず、自由にやらせてやりたい」と言うのです。

すると今度は、秀明さんの子供は、秀明さんの母親のように、「自分は親にあまりかまってもらえなかったから、子供に一生懸命関わろう」と思うようになるでしょう。ここで大切なのはこの負の連鎖が親子世代で繰り返し行われるようになるということです。誰かがどこかで気づいて、バランスの取れた親子関係を築く修正をしていくことが大事です。そうでなければ、この連鎖はいついつまでも続くことでしょう。

〈親子関係は永遠のテーマ——二五〇〇年前の経典にみる親子関係〉

親子関係は古《いにしえ》より人間にとって永遠のテーマです。内観療法では、だからこそ、まず親と自分の関係を振り返るところから始めるのです。親子関係が、いかに私たちの人生に影響を及ぼすのか、ということをお経の中に出てくる親子を例にご紹介します。

あなたは、葬儀や法事の際にお坊さんが称《とな》えるお経には、一体、どんなことが書いてあるのか、疑問に思われたことはないでしょうか？　お経、経典は二五〇〇年前に仏教を創設したお釈迦様の教えを後世に残すために、お弟子さんたちが書き留めて伝えてくれたものです。お経には難しいことが書いてあるわけではなく、現代を生きる私たちにとって、とても関わりが深いことが記されているのです。「観無量寿経」というお経には、「王舎城の悲劇」という実際に起こった親子の問題が出てきます。

二五〇〇年前のインド。当時、最強を誇るマガタ国の王舎城にビンバシャラ（頻婆沙羅）王とイダイケ（韋提希）夫人《ぶにん》が住んでいました。何不自由ない暮らしをしている二人でしたが、子供が出来ないことが大きな悩みだったのです。ある日、占い師を呼んで、将来、王となる後継者が生まれるかどうかを占ったのです。

占い師は、今、山奥で修行をしている仙人が三年後に死に、夫妻の子供として生まれ変わる、と告げました。しかし、王と妃は、その三年が待ちきれず、山に登って仙人を殺してしまうのです。仙人は、呪いの言葉を吐きながら死にました。

予言通り、やがて王妃は懐妊しますが、占い師は、生まれてくる子供は、仙人の恨みにより、王に仇をなすだろう、といいます。恐ろしくなった二人は、王妃が男の子を産むやいなや、床が剣になった地下室に赤子を落とし、殺そうとします。しかし、子供は奇跡的に小指をなくしただけで、助かるのです。この子は、アジャセ（阿闍世）王子として成長してゆきます。

お釈迦様は、この頃、たくさんの弟子を指導していましたが、お釈迦様のいとこであるダイバダッタ（提婆達多）は、お釈迦様を妬ましく思っていました。ダイバダッタは、お釈迦様を敬うビンバシャラ王を陥れるために、アジャセ王子に近づき、王子の出生の秘密を教えてしまうのです。

小指がないのが何よりの証拠です。怒り狂ったアジャセ王子は、父、ビンバシャラ王を七重の塔に幽閉してしまいます。父王に飲むものも食べるものも与えず餓死させるつもりだったのです。ところが不思議なことに、王は幾日たっても死にません。

それどころか、心穏やかな様子でさえあるのです。実は、王妃であるイダイケ夫人が清めた身体に蜜を塗り、瓔珞《ようらく》という首飾りの中に葡萄酒を入れて密かに王に与えていたのです。そして、王の苦しみを察知したお釈迦様によって遣わされた弟子のアナン（阿難）尊者とモクレン（目連）尊者が、超能力で牢に入り、王に毎日、心浄められる説法をしていたのでした。

これを知ったアジャセは、母親のイダイケ夫人に激怒して、剣を抜いて殺そうとします。家臣たちにいさめられたアジャセ王子は、剣を鞘に納めますが、母イダイケをも幽閉してしまいます。食糧を得ることができなくなったビンバシャラ王は亡くなります。そして、憔悴《しょうすい》しきったイダイケ夫人は、牢の中で、お釈迦様に救いを求めます。その悲痛な叫びは、その時、霊鷲《りょうじゅ》山《せん》で説法をされていたお釈迦様の元へ届きます。お釈迦様は、説法を中断し、アナン尊者とモクレン尊者を連れて、イダイケの元へ現れます。

お釈迦様に対しイダイケは、怒りと愚痴の限りをぶつけます。「どうして私がこんな目に遭わなければならないのか。なぜ息子のアジャセは、あんなに酷い子供になってしまったのか。アジャセをそそのかしたのは、お釈迦様のいとこであるダイバダッタであるから、お釈迦様にも責任があるのではないか……」。

イダイケは、怒りと理不尽な愚痴の限りをお釈迦様にぶつけ続けたのです。そんなイダイケに、お釈迦様はただ黙って、慈悲の眼を注がれていました。やがて、愚痴の限りを言い尽くしたイダイケは、お釈迦様に、ひれ伏して訴えます。「こんな汚れた世の中はもう嫌だ。浄土に往きたい」と。

ここでお経には、イダイケは、瓔珞を首から引きちぎって、ひれ伏す、と書いてあります。瓔珞とは、珠玉を用い作られた、王妃の象徴ともいえる首飾りです。イダイケの苦しみを救うには、王妃である地位も、名誉も、財産も、何の役にも立ちません。

それら全てを投げうって、イダイケはお釈迦様に、救いを乞うたのです。お釈迦様は、イダイケのように自分の力で悟りを開くことのできない者にこそ、深い慈悲をかけておられる、阿弥陀如来の極楽浄土を見せてやります。阿弥陀如来を拝したイダイケは、自分のこれまでの自己中心的な考えや行動こそが原因で、この悲劇がもたらされた、ということに気づかされます。

人を殺してまでも、早く子供が欲しいという身勝手な欲望、そしてその子供が自分にとって不都合な存在であれば邪魔にし、殺そうとまでしたこと。自らの罪深さを改めて見つめなおし、深く懺悔し、その我欲にまみれた心が阿弥陀如来の念仏によって救済されていくイダイケの姿が、「観無量寿経」では、生き生きと描かれています。

さらにイダイケは、自分の本性を知らしめてくれたアジャセを拝みます。我が子アジャセによって、このような苦しみを与えられなければ、自分の恐ろしい本性にも気づかず、懺悔して心を改め、極楽浄土に生まれたいと願う自分にはならなかったと。母イダイケが、別人のように変容した姿を見て、息子、アジャセも変わってゆきます。

父を殺し、母を幽閉したアジャセもまた、真っ暗な心の闇を抱え、人を信用することができず、愛される喜びも知らず、寂しい思いで生きてきたのです。アジャセは、父王を殺害してしまった罪の意識から、身体中に、悪臭のするデキモノができて、腫れ上がり、苦しみ続けました。

しかし、彼もまた、お釈迦様の導きと、母親の献身的な介護によって、身も心も、救われていくのです。やがて、アジャセは、母親と同様、仏教に深く帰依し、国民を愛と感謝の心で導く王へと成長します。

インドのビハール州南部のパトナには、周囲を山々に囲まれた王舎城の跡が現存しているといいます。お経は二五〇〇年以上も前に纏められ、現代に伝えられていますが、ここに見るイダイケとアジャセの親子関係は、現代社会の親子関係となんら変わりありません。

私の元へ、子供が引きこもりだ、登校拒否だからなんとかしてほしい、と相談に来られる母親は、子供の問題の原因は自分にもあるということに、まず気づいていただかなければなりません。母親の中には、キャリアを積んで社会に認められたい、という欲求が強かったため、子育てよりも仕事を優先にしてこられた方が多いのです。

そのため、姑や実母に子供の面倒を見させ、子供にきちんと向き合うことを怠ってこられたのです。このような親は、自分の都合によって子供を振り回す傾向があります。そんな親に育てられる子供は、親のご機嫌を損ねないように、必死でいい子を演じます。

しかし、必要な時に親に甘えたり、反抗したりすることができなかったため、親の愛情を感じることができずに成長します。子供は親の愛情を感じて育つことによって、人間としての自信や人間関係を構築する上で必要な安定感を育み、やがて他人に愛情を注ぐことができるようになります。親子の絆や繋がり感が十分に確立できていないと、何かの挫折経験がきっかけとなり、対人恐怖症や不安障害などを発症し、引きこもってしまうようになるのです。

引きこもりの中には、親のクレジットカードを使ってインターネットで高額の買い物をしたり、故意に騒音を立てて近所に迷惑をかける人もいます。しかし、子供の問題で悩み、私のもとに来られる親は、自分は親としての責任を果たし、進学もさせてきたのに、なぜ子供がこんな風になるのか、なぜ自分が子供にこんな迷惑をかけられるのか納得がいかないと言われます。

自分の都合で子供に向き合わなかった自分の自己中心性に全く気づいていないのです。また、そのような母親は、自分の母親との問題も抱えています。子供の愚痴を言う母親に対して、私は、「いつか必ず、あなたはお子さんに感謝されますよ」とお伝えしますが、イダイケのように、親がまず、自分とよく向き合い、気づくことです。子供や他人を変えることはできませんが、まず自分が変わると、他人もそれに感化され、変わってゆくことがあるのです。

「観無量寿経」は、イダイケの姿を通して、人間だからこそ抱えている本質的な問題と、その解決法が説かれているのです。

「観無量寿経」は、浄土真宗にとって、大切な経典の一つですが、内観療法は、浄土真宗の僧侶である吉本伊信師によって開発されました。イダイケを内観者に例えると、イダイケが入れられていた牢は、内観者が自分を深く見つめるために過ごす内観研修室です。問題から逃げることができなくなったイダイケは、自分の生き方を見つめざるをえなくなります。

イダイケは自らの自己中心性に気づき、懺悔することによって、自分を苦しめたアジャセや、お釈迦様の教えに対して初めて感謝の心を持つようになるのです。めざめたイダイケの心は、安らかで、魂が救済された歓喜に満ちています。

心身めざめ内観を終えた親は、「子供ではなく、自分の問題だった。子供のおかげで、それに気づくことができた」と爽やかな笑顔で、帰途につかれます。

一つ屋根の下で、親子がお互いに憎しみや不信感を抱えながら生活をしていくことは大変辛いことです。心身めざめ内観後、親がこれまでと違った目線で接し、話しかけると、子供の心も変化していきます。まず親の生まれ変わった姿を見せることが、子供のこれからの生き方に大きな変化をもたらす第一歩になることは、間違いありません。

フィンランドから心身めざめ内観研修に訪れた心理学者の女性は、実はご自身が四歳の時に母親に捨てられたトラウマから救われる方法を探すために心理学を学んできました。いろいろな心理療法を研究し、自らも受けてみたけれど、母親に対する憎しみや怒りを払拭することはできませんでした。

人間不信から離婚、結婚を繰り返し、子供も孫もたくさんおられますが、私の元に来られた時は七六歳でした。心身めざめ内観終了時、彼女は、母親に対して、ついぞ愛という感情を持つことはできませんでしたが、彼女が一七歳の時、自死した母親の生涯を、恨むことなく、受け止めることができるようになりました。

私は、彼女がようやく、自分の人生における最大の課題を克服したことに心より安堵しましたが、彼女との内観面接中、七六歳の彼女の心は、母親が出ていった四歳のままの幼児性を強く抱えている、と感じていました。例え自らが親になり、たくさんの孫に囲まれたとしても、自分の親との問題が解決しない限りは、子や孫との関係も決して良好にはいかない。親子の関係は、人間の生涯に一生の影響を及ぼすのです。

ダライ・ラマ法王(注6)は、家庭とは、社会においてもっとも基礎をなす単一組織であり、親が子供に対する影響と、家族の問題は世代に渡って繰り返される、と発言しています。ダライ・ラマ法王と同じく、ノーベル平和賞を受賞したマザーテレサ(注7)がそれぞれ来日した時、日本のメディアは「世界平和を実現するには、何をしたら良いですか？」と同じ質問をしました。ダライ・ラマ法王とマザーテレサは、全く同じ返答をしています。「世界平和を実現するのであれば、まず、あなたの家庭を幸せにすることです」と。

平和活動や、ボランティア活動に従事する人の中には、自らの家庭が崩壊している場合があります。もっとも肝心な自分自身の問題から眼を背け、エネルギーを社会活動に費やしても、果たして本当に幸せになれるのでしょうか。

5．憎い人への心身めざめ内観

〈尼僧の恨みと気づき〉

心身めざめ内観で心身を整え、肉親や近しい人たちとの内観が深まると、自分は愛され、生かされて生きてきた存在なのだと確信できるようになります。そうやって心が安定した後、自分の嫌な相手や、憎しみを感じる相手との内観を実施することができます。

ハワイで心身めざめ内観を研修したキリスト教カトリックの尼僧、クリスタルさん（四八歳）は、修道院での権力争いに巻き込まれ、辛い思いをされていました。一般の方は、宗教者はどんなに心清らかな信心深い生活をしていることか、と思われるかもしれません。

しかし実際のところはキリスト教にしても仏教にしても、教団は人間が運営するのですから、残念ながら、実は教会や寺院の中にも恨みや憎しみ、嫉妬や悲しみというのは存在するのです。この現状は、いかに人間の心が複雑で、罪深いのかを示しているのかもしれません。クリスタルさんがこのまま修道院に留まるか、それとも還俗《げんぞく》するかを決心するには、内観で、修道院での人間関係を改めて見直す必要がありました。

クリスタルさんは、最初は自分を陥れた人たちへの内観をするのはとても腹立たしく、怒りが込み上げてきた、と言います。しかし、内観をしていく間にその思いは静かになり、感謝の気持ちさえ湧き上がってきた、と彼女は報告してくれました。なぜなら、その恨みを抱いていた人たちを通して、彼女が学んできたことが、たくさん見つかったからだ、というのです。

「憎いと思った人たちが鏡となって、私の心を映してくれた。その人たちの立場になって自分を見ると、自分にも反省すべき点があったとわかった。自分は尼僧として人に与えている、社会に貢献していると思い上がっていたが、それ以上に多くのことを周囲から与えられ、時には奪い取っていたことにも気づかされた。心身めざめ内観は〝ありがとう〟〝ごめんなさい〟〝私はどうすればあなたへの御恩に報いることができるのだろう〟という感情を深まらせてくれた。今後の人生を揺るぎない思いで歩むことができそうです」。

そう言って、クリスタルさんは修道院に戻って行きました。

〈泥の中の蓮〉

仏教で、嫌な人、憎い人と出会う苦しみのことを怨憎会苦《おんぞうえく》といいます。誰もが、好きな人だけに囲まれて、嫌いな人とは出会わず、苦労を知らずに、楽しいことだけをして生きていきたいと望むでしょう。仏教で教える天人の世界は、まさにそんな所だということです。

仏教思想の輪廻転生とは、生まれ変わりを繰り返す輪廻の輪の中から抜け出せない、という意味です。地獄・餓鬼・畜生・修羅・人間・天上の六つの世界をサイクルとして、生きていた時の心がけや行いによって、死後、違うのちに生まれ変わると、仏教は説きます。この六道の輪の中を永遠にぐるぐると廻っている私たちが、そのサイクルから抜け出すことが悟りだというのです。

そして、この六道の世界の中で、唯一悟りを開くことができるのが、我々人間なのです。しかし、なぜ苦しみや、恨みの感情のない天上界の天人は、悟りを開くのが難しいのでしょうか？　なぜ、欲望に満ちて、悲しみや憎しみの心のある人間が、一番悟りを開くチャンスがある、というのでしょうか？

天上界は、それはそれは美しい世界だということです。天人は、みな美男、美女で、人間のように働く必要もなく、毎日踊ったり歌ったりして暮らしています。お腹がすくと、天上界の樹々にたわわに実る、とても美味しいフルーツを食べるのだそうです。

天人の寿命は長く、一〇〇〇年とも、二〇〇〇年以上とも言われています。このように、人間とは比べられないほど優雅で楽しい時を、長い間過ごす天人ですが、ある日突然、天人の五

衰という五つの衰えが身の上に起こり、その生涯が哀れに終わるのです。その五つの衰えとは、

1. 衣裳垢膩《えしょうこうじ》（衣服が垢で汚れる）
2. 頭上華萎《ずじょうかい》（頭上の花冠が萎える）
3. 身体匂穢《しんたいしゅうわい》（身体が汚れて匂い出す）
4. 腋下汗出《えきげかんしゅつ》（腋の下から汗が流れ出す）
5. 不楽本座《ふらくほんざ》（自分の席に戻るのを嫌がる）

死をまじかにした天人は、それまで経験したことのない恐ろしいことが突然我が身に起こり、どうして良いのかわからずパニックに陥ります。仲間たちからは汚い、臭いと嫌われ、地獄の苦しみ、孤独を味わいながら死んでいく、というのです。

人間の世界でも、天人のように生きる人もいます。私のイギリス人の友人の母親は、まさに天女。裕福な家庭に生まれ、金髪、碧眼、長身で、身のこなしの優美な美女で、何不自由なく暮らしてきました。人生を気ままに生きた彼女は、人生というものを深く観たり、感じたりすることなく年老いてしまいました。

友人いわく、彼女の母親は苦労や挫折には縁遠い人だったため、弱者への思いやりや、他人の立場にたって考えるということができない人だといいます。その母親が現在は老齢のため、美貌を失い、身体の不自由を感じながら、それらを受け入れることができず、途方に暮れてい

る、ということです。

このご婦人のようなセレブは別として、一般に私たちは、楽しいことも経験しますが、苦しいこと、辛いことを体験しながら、人生を生きています。そして、他人を憎むほど辛いこと、苦しいこと、悲しいことも経験するからこそ、自分を省みて、成長する。前述のイダイケのように、人間であるが故の悩みや憎しみから解放されるために悟りを開きたい、と思えるようにさえなるのです。言い換えれば人は苦しみを経験しないと成長できないのかもしれません。

仏教では、蓮の花がシンボルとして使われます。それは、蓮は汚い泥の中から、驚くほど美しい花を咲かせるからです。私たち人間界は、欲や妬み、争いに満ちて、泥のように汚い、腐敗した世界ではあるけれども、その中でこそ、心が磨かれ、悟りを開くことができるのだよ、という意味なのです。

お釈迦様は、自分を妬み、殺そうとした、従兄弟のダイバダッタを、自ら悪を体現し、自分を教化してくれた善知識(注8)として拝んだといいます。ダライ・ラマ一四世は、一九五九年、中国政府の侵略によって祖国チベットを崩壊させられ、現在もインドのダラムサラに亡命中ですが、驚くべきことに、「私の師は中国政府。私は中国人によって忍耐を学んだ」と言われています。

ちなみに、私は、ダライ・ラマ法王に、二回お会いする機会をいただきました。接見させていただいた私たち数名の研究者は、ダライ・ラマ法王にお会いする、というので、かなり緊張していましたが、法王は全く自然体の方でした。

法王は、観音菩薩の化身と言われていますが、実際お会いすると親戚のおじさんのような気さくな態度で接して下さり、とても温かい気持ちにさせられました。仏教の慈悲と智慧によって心が磨かれると、あのような方になれるのだ、と深く感銘を受けた、忘れられない出会いでした。

怨憎会苦、どんなに憎い人とでも、縁がある限り、会い続けなければならない苦しみ。中には、過去に出会った人への憎しみを手放せない人も珍しくはありません。人を呪わば穴二つ、と言いますが、人を恨む感情というのは、自分自身の心身に相当なストレス、ダメージを与えます。

その反面、憎い相手は、今夜もぐっすりと眠っているかもしれないのです。心身めざめ内観によって、その憎い人たちに出会ったからこそ、自分が成長させてもらったのだ、と思えるように転換することが、心安らかで幸せな未来へと繫がるのではないでしょうか。

6. 企業での心身めざめ内観

〈リーダーとしての苦悩〉

社会を動かす立場にいる人、企業で社員を統括する立場にいる人は、是非、心身めざめ内観を研修していただきたいと、常々私は思っています。特に親や先祖の地盤や会社を引き継ぎ、リーダーに納まっている人は、社員の苦労や努力のお蔭によって、自分が生かされているということを、心から頷いて、社員とそのご家族が幸せになれるよう、しっかりとした経営をする責任があります。しかしながら、生まれつき恵まれている境遇にいる人ほど、自分が与えられているということに気づかない傾向にあります。

次期社長の佑介さん（四二歳）は、副社長として、父親が築きあげた会社に勤務していました。東京と福岡で製造業を営み、それぞれ数百名の社員がいます。佑介さんは、幼い頃から後継ぎとしての英才教育を受けていましたが、親が敷いたレールの上を歩くのを嫌い、数年前までＩＴ関係の会社で活躍していました。

思うところあり、父親の会社におさまりましたが、社員の中には、佑介さんを快く思わない人もいて、また、会社で思うような実績も出せず、佑介さんは徐々に自信をなくしていきました。佑介さんは、自分が後継ぎとして会社を経営してゆくべきか、それとも社長の座を他人に譲って、自分なりの生き方をすべきか、大きな岐路に立たされていました。

心労が重み、抑うつ症状に悩まされるようになった佑介さんは、一大決心をするために、心身めざめ内観の研修に臨みました。


〈皆が安心して働ける社会を築く〉


研修後、佑介さんは以下のように語ってくれました。

「今までは気分が落ち込んだ時、パニックになっている時などは、自分を制御する術を持たず、ただ波間を漂う船のようでしたが、今は気功、呼吸法によって、自分の感情の舵取りが上手くできるように感じています。

心身めざめ内観によって、これまでうっとうしく思っていた母親が、どれだけの愛情を注いでくれていたか、初めて気付きました。父親は、これまでは自分の人生を振り回す迷惑な存在だと思っていましたが、研修後は、自分の人生にいかに多くのもの、金銭や経験等を与えていてくれたのかと気付かされました。

また、社員の方たちが、会社のためにどれだけの貢献をしてくれているのかを、初めて感じ取ることができました。自分は副社長としての格を見せなければならない、ということばかりに気を取られ、感謝の心を表す、ということが全くできていませんでした。社員の労をねぎらう言葉を口にしたとしても、それは心を伴うものではなく、社員の方には空々しく響いていたと思います。

会社は、それぞれの部署、任務で一生懸命頑張っていてくれる人たちがいるからこそ運営できるのであり、どの人が欠けても、存続できません。今私は、多くの人たちから支えられ、恩を受けて、生かされている、と感じるようになりました。そして、父親が血を流すほどの苦労をして築き上げてきたものを、そのままいただける、というのは、どんなにか幸せな、恵まれたことなのか。その大きさは計り知ることができません。

父親も社員の方々も、今の私にどんなに落胆しているかと思いますが、今後は、出来る限りの恩返しを、皆さんにしていきたい。社員みんなが安心して、喜んで働いてくれる会社にしたい、と思います。また、社員が喜びと誇りをもって私の会社で働くことができるよう、社員にも、心身めざめ内観を研修してもらいたいと思います」。

佑介さんのように、どんなに恵まれた境遇にいても、その人がその有難さに気付かなければ、全く幸せではないのです。そして、社会や企業などで人の上に立つ役職にある人は、佑介さんの想いの如く、責任を果たす義務があります。これまでの集中内観は、一週間という時間が必要でしたが、心身めざめ内観は三日間で内観が深化できます。

是非、社会のリーダーの方たちは、まずご自分が心身めざめ内観研修を受け、私たちの社会を幸せへと導いていただきたい、と切に私は願っています。

7. シニア世代の心身めざめ内観

〈親の介護〉

高齢化社会となり、問題になっているのが、親の介護です。日本人の平均寿命が現在男性八〇・七九歳、女性八七・〇五歳ということで、高齢の親を介護する子供も、高齢の傾向、いわゆる老老介護をしているケースが多いのです。また、現在六五歳以上の推計一五パーセントが認知症を発症しているということで、介護の問題はつきません。

親の介護で本当に多くの方が悩んでおられるのが、大嫌いな親の介護をしなければならないのが苦痛で仕方がない、ということです。心身めざめ内観や、カウンセリングをしていて感じることは、親に対して嫌悪感や憎しみを抱えている人が非常に多い、ということです。その大嫌いな親の介護を、それでも自分がやらなければいけない。その精神的苦痛は相当なものです。

洋子さん（六三歳）は、八六歳の母親の介護を余儀なくされていました。母親は、洋子さんが物心ついた頃から、手広く飲食店やブティックの経営をしており、経済的には何不自由のない暮らしでしたが、洋子さんが六歳の時、両親が離婚し、父親が家を出ていきました。

仕事が生きがいの母親は、ほとんど洋子さんの面倒をみることはなく、洋子さんは、祖母によって育てられました。母親は勝気な性格で、いつも支配的な態度で彼女や、彼女の兄、従業員に接していたということです。洋子さんは、控え目で温厚な性格で、母親と衝突しないように気をつけながら暮らしていました。

二〇歳の時、バス亭で彼女を見染めた名家の男性に乞われるまま、結婚しましたが、四八歳の時に離婚。その後出会った男性と生活を共にしていましたが、その方が事故で亡くなり、経済的な問題から、再び母親と暮らすようになりました。その頃から、洋子さんは、体調を崩しやすくなり、医師にも原因はわからないのですが、呼吸器なしでは、自力では呼吸ができないようになりました。

認知症が進んできた母親が、肝硬変に罹患し、クリニックを併設した老人ホームに入りましたが、彼女や介護スタッフに対する母親の横柄な態度に、洋子さんは心身ともに疲れきっていました。彼女にとって母親は、嫌悪の対象でしかなかったのです。

でもその母の介護と看取りは、一人娘である自分がしなければならない……そう苦しんでいる時に、たまたま出会った旧友の様子があまりに清々しい。聞けば内観というものを受けたということです。何かを心に掴んでいるに違いない。その友人の姿に感化され、洋子さんは、心身めざめ内観研修に訪れました。研修終了後、洋子さんは笑顔を取り戻し、驚いたことに、長年手放せなかった呼吸器を宅急便で自宅に送り、身軽に帰宅されました。

研修終了約三か月後、洋子さんからお手紙をいただきました。その手紙には、母親の看取りが、感謝のうちにできた、と安堵と喜びのことばが綴られていました。洋子さんが心身めざめ内観中気づいたことは、子供の頃、母親代わりに育ててくれた祖母の愛情をたくさん受けていたからこそ、人生の辛い出来事を乗り越えることができたことでした。

母親の終末期は、前頭葉が破壊され、昼夜問わず、「助けて！ 殺される！」と叫び続けたことから、何度も退院を促されたということです。弱い立場の母親に、最後まで寄り添えたのは、内観によって、両親、祖父母だけでなく、遥か先祖との繋がりまでをも感じられ、感謝の気持ちが深くなっていたからでした。洋子さんによると、感謝の心を取り戻せたことが心身めざめ内観によって得られた何より大きな実感だということです。

また、彼女の気づきは、有縁の方々に対する感謝の心のみならず、自分自身の身体、細胞、臓器の一つひとつにも至りました。気功によって、赤血球や白血球を含む全ての細胞が、身体の生命活動や脳の働きを維持するために一生懸命働いて、我が身を支え続けてくれていると感じたのです。心身めざめ内観研修以降、洋子さんは、自分の身体の声に感謝の思いで耳を傾け、ますます他人との絆やつながりも感じつつ、幸せに暮らしている、ということです。

〈認知症、老人性うつ病の予防、治療として〉

八七歳の定次郎さんは、お元気なご様子でしたが、最近精神が不安定で、物忘れが多くなってきました。今のうちにしっかりとこれまでの人生を振り返ってみたい、と心身めざめ内観を研修されました。

定次郎さんは退職後、自宅の畑で野菜を作ってこられましたので、お身体は丈夫な方でした。いつものように、内観に入る前に一緒に軽いストレッチをして、呼吸法、気功を取り入れながら内観をすすめていきます。ゆっくりと深い呼吸をすることによって、脳細胞が活発化し、苦労することなく、過去の出来事を回想されました。ご高齢で、記憶障害が進んでいる方でも、古い記憶はしっかりと残っているのです。

亡きご両親との内観を深めると、子供の頃は貧乏のどん底でしたが、両親が苦労して自分たち兄弟を育ててくれた情景がまざまざと思い出されました。畑仕事や牛の世話の方法を父親が教えてくれたことや、母親の煮干しを刻んでだしを作ってくれた味噌汁の味などが蘇りました。

父親は若くして亡くなりましたが、何か困ったことがあると、不思議と父親を知る人が現れて助けてくれました。それは、父親がその身を犠牲にしても多くの人を助けてきた徳を自分がいただいているからではないかと思う、と話して下さいました。

結婚六〇年に及ぶ奥様との内観を進めていくと、自分はワンマン亭主で、いかに奥様に様々な苦労を強いてきたかが初めて分った、と報告してくれました。奥様の犠牲の上に自分の生活は成り立ち、今も色々と支えてくれているのに、それを当たり前だと思い、感謝の言葉一つかけたことがなかったのです。

現在、子供や孫に囲まれ文句の言いようのない生活を送っているが、最近子供たちが自分に冷たい。その原因は、奥様への態度を子供たちが快く思っていなかったからではないか。今になって、奥様の有難さにようやく心から気づいたのです。今後は奥様や子供たちに対して感謝の言葉を伝え、穏やかな態度で接するようにしていきたい、とおっしゃり、晴れやかに、家路へと向かわれました。

このように、人は年齢に関係なく気づきさえすれば変わることができ、家族や周囲の人たちとの関係性を改善することができます。また、高齢者の方にとっては、過去の出来事を回想し、語ることによって脳が刺激され、認知機能の改善や精神状態の安定に効果があります。心身めざめ内観は、高齢者の認知症の予防、進行を遅らせる、また、老人性うつ病の予防、治療法としても期待できます。

第3章
スピリチュアルケア
としての心身めざめ内観

1．人間として生まれたということ

〈誰もが避けて通れない死の問題〉

「あなたは今死んでも後悔ないですか？」「いつ死んでも後悔のないように」。

これは、内観療法を創設された、吉本伊信先生が内観研修者に絶えず投げかけていた言葉です。死ぬということは考えたくないことですが、避けることができない事実として、いつか、必ず、私たち一人ひとりに訪れるものです。吉本伊信先生は、浄土真宗の僧侶でした。私は、この先生のお言葉に、先生が内観を創始された本当の目的があるのではないかと思います。

私はこれまで、大学病院の精神科や心療内科、また心身めざめ内観センターでたくさんの方の内観に関わらせていただき、患者さんや研修者の長年の苦しみが大きく改善されるのを見てきました。引きこもりが治った、うつ病が治ったと、感謝していただくのは、治療者としてこの上ない喜びです。

しかし、人間は生きているかぎり、必ず次の困難にぶちあたります。例え天人のように恵まれた環境にいる人でさえも、生老病死、すなわち、生まれること、老いること、病気をすること、そして死ぬことの苦しみから逃れることはできません。お釈迦様は、この生老病死の苦しみの解決法を求めて出家して、仏教を開かれたのです。心身めざめ内観とスピリチュアルケアについてお話する前に、生きている以上、私たちが絶対避けることのできない、生老病死の苦しみについて、説明させていただきます。

〈人生は苦なり？　人間として生まれる意味〉

仏陀、釈尊など、お釈迦様の呼び名はいくつかあり、お釈迦様が仏教の開祖だということをご存じの方は多いですが、お釈迦様の生涯について知らない人は案外多いようです。お釈迦様は架空の人物と思っている人さえおられますが、お釈迦様は私たちと同じ、実在した人間です。

お釈迦様は、もともとは王子様です。二五〇〇年前、インドの釈迦族の王子シッダールタとして誕生しました。王子として何不自由ない暮らしをしていましたが、生まれて初めてお城の外に出た時のことです。城の東門を出ると、よぼよぼの老人に出会い、南門を出ると今にも死にそうな病人に出会い、西門から出ると死人に出会い、そして最後に北門から出ると聖者に出会いました。

この時お釈迦様は生まれて初めて、人間は誰でも、例え王であろうと老いて病気になり、そして死んでいく苦しみからは逃れられない、という事実に気づかされます。今の自分の若さも美しさも、健康も、やがては失われ、そして死んでいくのだ。それは大変辛いことだ。

でも、その辛さ、苦しみを一体どうすれば良いのか、誰も教えてくれるものはいない。それでは、その苦しみを解決する方法を自分が見つけるしかないではないか。こうして、シッダールタ王子は、地位も名誉も財産も、家族さえ捨てて人間の苦悩、生老病死の解決を求めて出家したのです。

四苦八苦という言葉をよく耳にすると思いますが、これはお釈迦様の教えです。悟りを開いたお釈迦様は、生老病死の四つの苦しみに、次の四つの苦しみを併せて、人間が避けることのできない四苦八苦について説明しておられます。

愛別離苦《あいべつりく》——どんなに愛しい人とも、別れていかねばならない苦しみ。

会うは別れの始まり、と言いますが、例え親子であろうが、夫婦、恋人であろうが、遅かれ早かれ、死別や生き別れ、失恋、離婚という形などで、必ず別れがきます。最近は日本でも災害や震災が多発していますが、一瞬にして家族や親しい人を失った方たちの悲しみは、計り知ることができません。

また、人間に限らず、子供のように大切にしてきたペットとの別れも、ペットロスという言葉があるほど、深刻なものです。愛しい人に、もう触れることができない、一緒に過ごすことができない、というのは本当に辛く悲しいことで、うつ病の原因にもなるのです。

怨憎会苦《おんぞうえく》については、先の章で既に説明していますが、私たちは、縁あって出会う全ての人と仲良くやっていけるわけではありません。嫌悪や憎しみの対象となる人との出会いも、避けることはできません。クラスのいじめっ子や、陰険な担任の先生、あるいは、パワハラ上司の顔を見るのも嫌であっても、家族を養うため、どうしても通勤し続けなければならない。

このように、どんなに憎い相手であっても、縁がある限り、会い続けなければならないという、人間関係の苦しみです。夫婦どうしや、嫁、姑が憎みあうこともよくある話ですし、親子がいがみあうことも少なくはありません。

ひとつ屋根の下で、憎い人と暮らすというのは、どんなに毎日の生活が重苦しいものでしょうか。心休める場所が、自分の居場所がないのです。現在、日本の殺人事件のおよそ五〇パーセントが家庭内で起きています。家族は親しい間柄だからこそ、甘えや憎しみが増長しやすいのかもしれません。

求不得苦《ぐふとくく》――欲しいものが手に入らない苦しみ。地位や名誉や財産、あるいは、どんなに好きになっても、その人の心を得られない苦しみ。人間の欲望には限りがありません。自然界では、ライオンはお腹いっぱいの時、どんなに美味しそうなシマウマが現れても見向きもしませんが、人間はどんなにたくさんの物をもっていても、次々と欲望が溢れだします。

新しい服を買うと、その服に見合ったカバンや靴が欲しくなる。投資が上手くいくと、それを元にもっと稼ぎたくなる。インターネットで出会った男性たちからお金を引き出し、邪魔になると練炭を焚くなどして次々と殺害した女性の話は記憶に新しいところです。人間は自分の欲望を満たすために、殺人さえも犯してしまうのです。

お釈迦様にまつわる、こんなお話があります。お釈迦様が瞑想中に一匹の悪魔が修行を邪魔するために現れ、こう話しかけました。「釈尊よ、あなたは悟りを開いて、どんなことでもできる超能力を得たと聞きました。それなら、このヒマラヤ山を金にして、貧しい人々に与えてやってはどうでしょうか。どんなにかこの国の人々は幸せになることでしょう」。

するとお釈迦様はこう答えました。「例えこのヒマラヤ山を倍の大きさにして、すっかり金に変えたとしても、私は貧しい人を救うどころか、たった一人の人間の欲望をも満たすことはできないだろう」。お釈迦様は、私たち人間の欲望に際限がないことを、鮮やかに喝破されておられます。

五蘊盛苦《ごうんじょうく》——心身を思うようにコントロールできない苦しみ。五蘊とは、肉体と心のさまざまな働きのことをいいます。心は先に説明した愛別離苦、怨憎会苦、求不得苦の三つの苦しみで身もだえするほど辛いことがあります。そのストレスから、自分の心をコントロールすることができず、過食や飲酒、薬物に走ってしまうことがあります。
また、どんなにアンチ・エイジングの技術が進んでも、身体の老いを止めることはできませんね。このように、生まれた限り、私たちは自分の力ではコントロールすることのできない、様々な事象や問題を経験し、悩み苦しむのです。

お釈迦様はこのように、人生は苦である、私たちは楽しい思いや贅沢をするためにこの世に生まれたのではない、と説かれました。この私たちの生きる娑婆世界で起こることは、全て陽《かげ》炎《ろう》や、幻のようなものであるから、欲望や、愛や憎しみに心を惑わされて、せっかく人間として生まれてきた命を無駄にすることがないように、と。

では、何のために私たちは生まれてきたのでしょうか？「5、憎い人への心身めざめ内観(116ページ)」でも述べましたが、仏教では、輪廻転生を説いています。輪廻転生とは、地獄、餓鬼、畜生、修羅、人間、天上の六つの世界の輪の中を、ぐるぐると回り続け、生老病死の四苦八苦から逃れることができないことです。

お釈迦様は、悟りを開くことによってのみ、生老病死、四苦八苦を受け入れ、越えていくことができる、そして輪廻のサイクルから抜け出ることができると説かれました。
そして、その輪廻から出る方法を教えるのが仏教であり、その方法をマスターした人が仏に成るのです。ですから、仏教とは、今を生きる私たち一人ひとりが、悟り、仏になるための教えなのです。

お釈迦様によると、人間に生まれるということは本当は非常に難しいことなのに、私たちは、いったん人間として生まれ出ると、その大変さや、有難さ、悟りを開く目的を忘れてしまっているのです。


〈人間として生まれる確率〉


人間として生まれ出るのが、どれだけ大変なことか、ということを、ある日、お釈迦様は、弟子のアーナンダに話して聞かせています。

「アーナンダよ。今、目の前に大海原が広がっているとしよう。この海の底に、一〇〇年に一度しか水面に上がってこない、一匹のカメが住んでいる。また、この大海の上に小さな木切れが浮かんでいて、その真ん中に小さな丸い穴があいている。一〇〇年に一度しか海の底から上がってこないカメが、水面に上がって来た時、たまたま海に浮かぶ小さな木切れの穴からすっと顔を出すのは、一体どれくらいの確率で起こりうるであろうか？」。

それを聞いてアーナンダはこう答えます。

「お釈迦様、海はこんなにも大きく広い。そして、木切れはこんなにも小さく、風が吹く度に、東へ、西へと漂います。そんな小さな木切れの小さな穴に、一〇〇年に一度しか上がってこない、小さなカメの頭がすぽっと入るのは、不可能に近いです。あり得ないことでしょう」。

そう聞いてお釈迦様は、こうお話しされたということです。

「アーナンダよ。人間としてこの世に生まれ出る確率は、あり得ないほど大変なことなのだ。だからこそ、今を逃してはいけない。この機会を逃したら、今度いつ人間として生を受けることができるかわからない。怠ることなく、励むように」。

お釈迦様は、「山川草木悉有仏性《さんせんそうもくしつうぶつしょう》」と、この地球上の人間、動物、植物、鉱物、生きとし生けるものには全て平等な命があり、仏性を備えている、と説かれています。しかし、結局のところ、仏法を聴くことができるのは人間だけなのですから、人間として生まれてきた、このチャンスを逃さないことが大切です。

仏教の深層心理学、唯識学では、輪廻転生を繰り返す私たちの過去世の全ての思いや行いが、記録として蓄えられている蔵を阿頼耶識《あらやしき》といいます。今から一〇〇年ほど前にフロイトやユングといった心理学者が人間の無意識(注9)について注目したものより、さらに深い心の層について、はるか前に説明をしているのです。阿頼耶識に蓄えられたデータによって、私たちは、次に何に生まれ変わるか、ということが決定されるのです。

分子生物学者の村上和雄先生は、一個の生命細胞が偶然生まれる確率は、一億円の宝くじが一〇〇万回連続で当たるくらいの稀少さで、そんな狭き門をくぐって私たちが人間として生まれてきたのは、それだけで奇跡だと言われています。過去世の生きざまの結果として、今、ここに私たちは生を受けていますので、未来、この私がどの世界に、何として転生するか、あるいは悟りを開いて輪廻転生のサイクルから卒業できるのか否かは、今、この時の生き方にかかっています。

ハワイ大学のカモロ・モラ教授の研究チームによると地球上には約八七〇〇万種類の動植物が生息していて、その約九〇パーセントは、未だ発見ないし、分類されていないということです（米科学雑誌プロス・ビオロジー）。

私はテレビで動植物が厳しい自然界を生き抜く姿を観る度に、不毛の島や極寒の北の果てに至るまで、この地球上には、実に数多くの種類の生命が存在し、命がけで生存しているのだな、と驚かされます。

しかしながら人間は、この地球上の生命の中の八七〇〇万分の一にすぎないのです。今、私は八七〇〇万分の一の確率で、過去世からの縁があり、人間として生まれている。本当にあり得ないほどのことが自分の身に起こっているのだ、ということを肝に銘じて、生きる必要があるわけです。

しかしながら、人間はいったん人間として生まれ出てしまうと、人間として生まれたことがどんなに大変なことか、そしてなぜ人間としての生命をいただいたのか、その意味や目的をすっかり忘れてしまうようです。

夏目漱石は、『吾輩は猫である』『坊っちゃん』等の作品で知られる、日本を代表する小説家ですが、「こんな夢をみた」という書き出しで始まる『夢十夜』という作品は、彼が四一歳の時に見た夢を元に創作されたということです。その中の「第七夜」は、作者自身の、なぜ自分は生まれてきたのか、生きる意味が分らないという不安を描いた作品です。

主人公は、大きな船に乗っています。船は、黒い煙を吐きながら、凄まじい音を立て、波を切って、毎日どこかへと進んでいくのですが、一体どこへ向かっているのかがわからないのです。ある日、主人公は船員を捕まえて、この船は西に行くのかと、問うてみます。

船員は、主人公をじっと見て、「なぜ？」と問い返します。主人公が「落ちて行く日を追いかけるようだから」と答えると、船員は、からからと笑って、向こうの方へ行ってしまいました。船員には、行き先のわからない船に乗っている主人公のことを馬鹿らしく思えたのでしょうか。この船には、人種の違うたくさんの人が乗っていて、主人公は、甲板で泣いている女性や、恋愛に興じて、船に乗っていることにすら気づかないような男女、また、神を信じているか、と問いかけてくる男などに出会います。

しかし、この船がどこに向かっているのかを教えてくれる人は誰もいませんでした。主人公は、この船の行き先がわからない、そして、一体いつ陸へ上がれるのかも分らない、と、大変心細くなりました。ついには、理由もわからず船に乗っている無意味な時間や心細さ、不安、寂しさに耐えることができなくなりました。そして、この小説は非常に興味深い結末を迎えます。

「自分はますますつまらなくなった。とうとう死ぬ事に決心した。それである晩、あたりに人のいない時分、思い切って海の中へ飛び込んだ。ところが——自分の足が甲板を離れて、船と縁が切れたその刹那に、急に命が惜しくなった。心の底からよせばよかったと思った。けれども、もう遅い。自分は厭でも応でも海の中へ這入らなければならない。ただ、大変高くできていた船と見えて、身体は船を離れたけれども、足は容易に水に着かない。しかし捕まえるものがないから、しだいしだいに水に近づいて来る。いくら足を縮めても近づいてくる。水の色は黒かった。そのうち船は例の通り黒い煙を吐いて、通り過ぎてしまった。自分はどこへ行くんだか判らない船でも、やっぱり乗っている方がよかったと初めて悟りながら、しかもその悟りを利用する事ができずに、無限の後悔と恐怖とを抱いて黒い波の方へ静かに落ちて行った」。

夏目漱石は、この小説の中で、人生を暗い海を走る船に例えています。主人公は、苦しくても生きなければならない理由が見つからず、自殺を図りますが、飛び降りた途端に後悔をする。真暗な海に飛び込んでも、その臨終にあるのは無限の後悔と恐怖です。漱石と同じように生き辛さを感じている現代人は多いことでしょう。

しかし、自ら死を選ぶような状況にまで至らず、寿命まで生きたとしても、日々、どのような思いで、どのような生き方で人生を過ごしてきたか。自らの魂が欲望の奴隷と化して、自分の都合や快楽のために人を苦しめたことはなかったでしょうか。あるいは感謝の気持ちがなく勝手気ままに生きて、人に迷惑をかけてきたことにすら気づかなかった人もいることでしょう。

大無量寿経というお経には、「大命まさに終わらんとして、悔懼《けく》こもごも至る」とあります。臨終に後悔の念と命が終わることへの恐怖が代わる代わる襲ってくる。こんな恐ろしいことになるなら、心を磨いて、きちんと生きておけば良かった、と後悔しても遅いよ、ということです。

2. 人生の終わりの手助け

〈人は生きたように死んでいく〉

内観法の創始者、吉本伊信先生は、内観研修者に「あなたは今死んでも後悔ないですか？」「いつ死んでも後悔のないように」と絶えず問いかけておられました。

「それは、正に、この大無量寿経にある臨終時の後悔や恐れを、誰にも経験してほしくはない。お釈迦様の言われたように、今、ここをしっかりと心を込めて生きること。それこそが悟りであり、人間として生まれてきた意味であり、目標であり、それがわかっていれば、例えいつ、どのような形で死を迎えたとしても後悔なく人生を閉じられる。長い長い流転輪廻の果てに、ようやく人間として生まれたからには、そんな生き方、死に方をしてほしい」。

吉本伊信先生は、全ての人に対して、そう願っておられたのではないでしょうか。そして、そんな生き方ができるようになるための、具体的な方法を指し示すために、内観法が生み出されたのです。内観は、吉本伊信の正に智慧と慈悲の結晶といえましょう。

「人は生きたように死んでいく。生きたようにしか死んでいけない」。これは、ホスピス医の堂園晴彦先生が数多くの臨床の現場を通して行き着いた哲学を言い表わされたものですが、私も日本とハワイのホスピスや緩和ケア病棟で人種、宗教に関係なく多くの方に関わらせていただいた経験から、同じように感じています。

まず誤解のないように伝えたいのですが、これは、決して人の死に方に優劣をつけているのではありません。仏様の眼からみれば、大勢の家族に囲まれて惜しまれながら息を引き取るのも、たった一人で、誰にも看取られずに亡くなるのも、変わりはありません。自死で亡くなられた場合であっても同じです。仏様にとっては、どんな人も、同じく、愛しい命なのです。私たちは今も、息を引き取る瞬間も、死後も仏の慈悲の中です。

しかしながら、その方がどういう気持ちで亡くなっていかれるか、という死に際の心境は、その人自身が作りあげるものであり、その人の生きざまがそのまま反映される、ということです。王様であろうが犯罪者であろうが、誰もが必ず死ぬ命を生きている、という意味では、全ての人が平等です。そして、誰もが心安らかに死にたい、と思うでしょう。

安らかな死を願うのであれば、日々どのような気持ちでこれまで過ごしてきたか、ということが大切です。毎日、人を妬み、恨み、猜疑心《さいぎしん》や不平不満、後悔の気持ちで生きてきた人が、果たして死の瞬間に突然心安らかになって死ぬことができるでしょうか？　それはあり得ないことでしょう。

一日一日を感謝の気持ちで生きるから、そして、毎日を、どれだけの繋がりの中に生かされているかをかみしめられるからこそ、自分の人生は幸福な一生であったと、後悔を残さず、安心して死んでいくことができるのです。元気な頃、さんざん人を傷つけて、他人からも恨まれて、お金や物に執着を抱き続けた人が安らかに死にたい、と思っても、心安らかに死ぬことはできないでしょう。しかしながら、私たち人間は、何百年も、何千年も、同じような心境で人生を生きてきたように思います。

平安時代、平清盛は政治の実権を治め栄華を極めましたが、熱病で没しました。熱に浮かされながら、清盛は自分の独裁政治のために死においやった多くの人たちの怨霊に苦しめられた、といいます。清盛没後、平家は壇ノ浦の戦いで滅亡します。清盛の六四年の生涯は、決して持って死ぬことのできない権力や名誉欲に自らが翻弄《ほんろう》されたと言えましょう。平家滅亡を語った平家物語の冒頭は有名な『祇園精舎』のくだりで始まります。

祇園精舎の鐘の声、諸行無常の響きあり。沙羅双樹の花の色、盛者必衰《じょうしゃひっすい》の理《ことわり》をあらはす。おごれる人も久しからず、ただ春の夜の夢のごとし。たけき者も遂にはほろびぬ、ひとへに風の前の塵に同じ。
（祇園精舎の鐘の音は、「諸行無常」の響きがある。沙羅双樹の花の色は、どんなに盛んな者でも、必ず衰えるという道理を表わしている。おごりたかぶる人の栄耀栄華もいつまでも続くはずがなく、まるで覚めやすい春の夢のようだ。勢いのある人も結局は滅ぼされてしまい、本当に風が吹けばさっと散っていく塵のようだ）。

真理を語っているとはいえ、なんともいえず寂しい、空しい気持ちにさせられる一文です。しかしながら、洋の東西問わず、多くの歴史上の人物、統治者も、同じような運命を辿っていますし、現代を生きる私たちも、さして変わらない生き方をしているのかもしれません。

ホスピスやビハーラ、緩和病棟など、ターミナルケアの現場では、様々な人間模様がありま す。死の間際に、「息子を奪った嫁が憎い！」「死にたくない！」と初めて本心を露わにされる方もおられます。特にこれまでの人生で、生きることのみに捕われ、自分の死について考えてこなかった人は、最期まで死を受け入れることなく、不安なままで人生を閉じます。

〈会えてよかった〉

前置きが長くなりましたが、ここで実例をあげます。緩和病棟でお会いした秀治さん（七二歳）ご夫婦。肝臓ガンで、お別れが近いということはわかっていました。秀治さんの傍にはいつも奥様が付き添っておられましたが、秀治さんの心の中は色んな思いが交差するようで、奥様に対して感謝の気持ちを表すどころか、どこか叱りつけるような、厳しい口調で接しておられました。患者さんには病院の医療スタッフが色々とケアをしてくれますが、ご家族の心身のストレスにまでは、関わってくれません。

しかし、付き添っておられる身内の方は、患者さんと同じように、場合によってはそれ以上の不安やストレスを抱えておられます。私は週に一度か二度、心のケアをさせていただく立場でお二人に関わらせていただいていました。ある日、奥様の心中も察して、秀治さんにこう言いました。「秀治さん、奥様がいつも傍にいて下さって本当に有難いですね。今日はありがとうって、私と一緒にお伝えしましょうか」。

すると秀治さん、ベッドの上に突っ伏して「言わん！」「言わん！」と子供が駄々をこねるような仕草をされました。秀治さん、本当は奥様に感謝をされているのに、言葉や態度には出せないのだな、そして、死を受け入れることができないのだな、と私は感じていたのです。

その翌週、私は再び秀治さんを見舞いました。病室にはその時、奥様の姿は見えず、秀治さんお一人で、何かをじっと考えておられるようでした。秀治さんは私にぽつりと、「長年頑張って生きてきて、ようやくゆっくり過ごすことができる、と思っていたのに、わしは死んでいかねばならんのか」と言われました。

「秀治さん……、今まで頑張ってこられたのに、大切な人を残していきたくないですよね。あちらにはご両親や、懐かしい方、お会いになりたい方はおられませんか？　それに、ひょっとしたら私がこの帰り路に事故で死ぬ事だってあるわけですから、人間はいつ死んでもおかしくないですよ。奥様も、私も、みんな、いずれ行きますから……。秀治さん、もし先に行かれたら、みんなを見守っていて下さいますか？」。

そう言うと、少しお顔がほころんで、「最近、色んな人を思い出す。色んな人の顔が出てくる。その中にはわしに恨みを持っている人もいるだろう。わしは極楽浄土に行けんかもしれん」と少し寂しそうに話されました。

ホスピスやビハーラ、緩和ケアではガンによる痛みを取ることが治療になりますが、ある医師によると、痛みのコントロールが難しい患者さんのタイプがあるそうです。それは、人やものごとに深く感謝することができない人、未解決の問題を抱えている人、人から恨まれて死んでいく人など、心の問題がある方です。私たちの心と身体はひとつです。身体の痛みを取る薬はあっても、心の痛みを取る薬はないのです。

先に、「人は生きたように死んでいく、人は生きたようにしか死んでいけない」という言葉について触れていますが、元気な時に人をさんざん苦しめたり騙したりして裕福になった人がガンになってしまった。安らかに死にたい、と思いホスピスやビハーラに入っても、心安らかに死ねるわけではない。その人の生き方にふさわしい思いで死んでいく、ということです。

一九八五年八月一二日、日航機１２３便が墜落し、五二〇名の方が命を落とすという、大変痛ましい事故が起きました。私の知り合いのお嬢さんも、新婚旅行の帰りに犠牲となりました。機体の中で多くの遺書が見つかったということです。「悔しい」「もっと生きたかった」というものもありましたが、「幸せな人生だった」「有難う」「子供たちを頼む」という感謝の言葉も、たくさん残されていた、ということです。

例えどんな死に方をしたとしても、その生と死のはざまに、何を思うのか。自分の人生をどう評価するのか。それは、その瞬間にいたるまでの一日、一日が積み重ねてきた事実の、紛れもない結果なのです。

本来であれば、日常生活を内観と共に生き、いつ死んでも後悔のないように生きる。不治の病になってしまったら、残りの時間を更に内観を深める、というのが理想でしょう。しかしながら、秀治さんのような場合にも、少しでも思い残すことがないように、人生を閉じていただきたい、と思いました。

「秀治さん、人は亡くなる前に走馬灯のように人生を振り返るといいます。浄土真宗のお坊さんが開発された内観という自己をみつめる回想法があります。回想中には、今お世話になっている人だけでなく、既に亡くなった人とも出会えます。当時言えなかったことを、あの時は有難う、すまなかった、と伝えることができますよ」。

そうお伝えすると、秀治さんは内観に非常に関心を示されました。秀治さんに、内観中はできればゆったりとした呼吸を意識し、不安な時は丹田に手をおいて下さい、とお話しすると、若い頃に空手をたしなんでおられたので、丹田呼吸法を良くご存じでした。秀治さんは、病床にあっても、心身めざめ内観を抵抗なく始めて下さいました。

秀治さんの心身めざめ内観は、体調が良い時に、昔話を聴かせていただくような形で、ゆっくりと進んでいきました。

「夢の中に、昔迷惑をかけた、だれそれが出てきた。あんなにお世話になったのに、あの時は本当に悪いことをした。悪かった、と頭を下げると、にっこりと笑ってくれて、一緒に酒を飲んだ」。

等と報告をして下さいました。また、それまでの奥様や医療者に対する横柄な態度が驚くほど柔和になりました。それどころか「病院というところはベッドの上に寝かせてもらい、いたれりつくせりの看護をしてもらえる。有難い」という言葉まで飛び出して、奥様と私を驚かせました。

秀治さんの表情は穏やかで、病室には、不思議な安堵感が漂っていました。秀治さんが心身めざめ内観をして下さって、最も感慨深かったのが、子供の頃の母親との想い出でした。かっぽう着を来た母親の懐《ふところ》の温かさ。母親を喜ばせるために子供ながら一生懸命に畑仕事を手伝ったことなど、手広く商売を成功させてきたご自身の功績より、愛されて生きてきた記憶が、最後には何よりも秀治さんの心に刻まれたのでした。

秀治さんは、特に信仰深い方ではありませんでしたが、大好きな母親のいるところに行ける、と感じられたことが、死に向かうにあたって深い安心感になりました。そのうち秀治さんの病状が進み、お話ができない状態になりました。奥様によると、秀治さんは、亡くなる少し前、ポロポロっと涙を流し、奥様に「有難う、世話になった」と告げられた、とのことです。

秀治さんの感謝の言葉と、安らかなご臨終のお姿に、ご家族は心から安堵されました。愛別離苦……愛する人とのお別れは、寂しいです。辛いです。でも、会えて良かった。良い人生だった。逝く人も、遺される人も、お互いにそう思える。心身めざめ内観は、スピリチュアルケアの現場で、安らかな人生の終わりの手助けとなります。

エピローグ――私と全ての命は繫がっている

〈心身めざめ内観でめざめる、宇宙船地球号同乗者の想い〉

心身めざめ内観が深まると、一本の木を見ても、見えないものの恩恵を感じられるようになります。この木がここに存在するのは、この木を大地で支えている根っこの力や、太陽の光、空気、水や養分があるからこそなのだ。そして、それは人間として自分が生きていく上でも、同じことが言えるのだ、と。自然の力や、多くの人々とのネットワーク、繫がりの中に生かされている自分という存在であるということが、心から頷けるようになります。

〝我と万物同根〟私と全ての命は一つである……お釈迦様が菩提樹の下で瞑想し、ついに悟りを開かれた時、このように感じられたといいます。丹田呼吸を繰り返し、心と身体が一つになった時、お釈迦様は、まずご自分の身体の様子を深く観られたのではないでしょうか。心臓が規則正しく動き、脈打つのを感じる、心臓から血液が送られ、血管を通して全身にくまなく流れるさまや、肺臓、肝臓、腎臓などの臓器、六〇兆もの細胞がお互いに繋がって、秩序を保ちながら自分の命を生かすために絶え間なく活動している、自分の中の荘厳なる宇宙を観られたのです。

そして、お釈迦様が座っていた大地の下でも、同じことが起こっているのです。土の中でたくさんの虫や微生物が生きています。自然界では太陽が大地に熱エネルギーを与え、それにより海や湖から水分が蒸発して雲となり、やがて雨を降らすという循環を繰り返して、大地を潤し、大地の中の生命を生かしています。大地の微生物の働きのおかげで土が肥え、この菩提樹や、人間が食べる農作物が生まれ、育つことができるのです。

その自然の秩序、働きにより、人間や動物は生かされています。人間の体も自然の一部であるのです。この地球上の一つひとつの命が、独立した存在ではなく、あらゆる生物、生きとし生けるものが、大きな関係性の中で互いに繋がって生きています。また、この地球も宇宙の中の一つの惑星で太陽や月の恩恵を受け、宇宙の繋がりの中で生かされているのです。

私は、京都大学で研究者として勤務している間、第一〇次ブータン友好訪問団の一員として、ブータン王国に派遣していただきました。ブータンは仏教国で、お釈迦様の教えが、人々の暮らしにしっかりと根付いていました。ブータンは自然保護先進国として知られていますが、それは人々が心から輪廻転生を信じているからです。

今世は人間であっても、来世は動物か、昆虫に生まれるかもしれない。自分が未来に生活するかもしれない環境を保護しておきたいのです。ですから、あらゆる動物、植物、ダニや蚊、蛭といった虫さへも殺しません。野犬を見ても、この犬は亡くなった父親かもしれない。来世は自分が犬に生まれるかもしれないと思い餌をやり、可愛がっています。ですから、野生の動物たちも、人間に危害を加えません。

寺院や仏教記念碑では、一度回すと、経典を一冊読誦したことと同じ功徳があるという、マニ車を回しながら、「オン・マニ・ペメフン」と真言・マントラを称え、全ての生きとし生けるものの幸福と解脱(注10)を祈ります。宇宙も自然も、人間も、動物も、全ての生命が繋がり、支えあって生かされていると、感謝と絆の中で生活をしています。

チベット仏教徒は、死後四九日で違う生命へと生まれ変わると信じているので、ブータンにはお墓はなく、火葬後、故人の灰は山などにまかれ、自然に還します。また、東部のある村では、遺体を百八つに刻み、川に流し、魚に与えるといいます。内観療法の礎となった日本仏教、浄土真宗の開祖・親鸞聖人は自分の遺体を鴨川に流し、魚の餌にするよう遺言を残しています。これまで多くの生き物の命をもらって生かしていただいたので、せめてものお返しをしたい、という気持ちは親鸞もブータン人も同じでしょう。

ブータンのGDP国内総生産は低いが、GNH国民総幸福量は高い、幸福の国だと言われています。日本と比べると、ブータンは、物質的には本当に貧しい。けれど、なんと自然が美しく、人も動物も、心豊かに毎日を生きていることか。私は滞在中、本当にブータンが大好きになりました。

キャンプや民家泊を体験しましたが、朝、「ヒヒーン」の声で目覚めると、テントの外に馬が来ていました。山から降りてきたサルに人が餌をやり、落ちた餌を犬が待っている、目の前をゆっくりと牛が横切るなど、あらゆる生きものがお互いを信頼し、慈しんでいるのを感じました。繋がっている命、支えられている命、愛されている命だと気付かされると、私たちは本当に幸福を感じられるのでしょう。その反面、お互いの繋がりが見えなくなり、切り離して生きていこうとすると、孤立してしまい、寂しい生き方しかできなくなってしまいます。

仏教は宇宙の真理をも表すといい、お釈迦様は、宇宙を、十方微塵世界、すなわち、東西南北上下一〇の方向に微小な塵のような数々の世界、銀河系が存在する、広大無辺の三千大千世界であると説いておられました。宇宙飛行士たちは、各国の代表としての誇りを胸に宇宙船に乗りこみますが、いざ宇宙へ出ると、その価値観はがらりと変わるといいます。

「宇宙から見た地球は、本当に美しい。国境のない、丸い統合体に見える。人間のエゴが地球を滅ぼしてはいけない。地球に戻ったら、全人類の平和のために尽くそう」。イスラエル人初の宇宙飛行士、故イラン・ラモーン氏は、宇宙から、地球にあてて、このようなメッセージを残しています。多くの宇宙飛行士が人知を超えた圧倒的な調和、秩序を感じるといい、美しい地球に生きられることに感謝するといいます。

私たちは宇宙船地球号の同乗者。絆、繋がりの中で生かされている命であると気付かされると、国境に壁をつくる必要はなく、環境破壊や戦争は起こらなくなります。心身めざめ内観によって、まずしっかりと自分の生き方を振り返り、広く遥かな命の繋がりに気付くと、宇宙船地球号の同乗者としての意識が目覚めます。そして、そのめざめこそが、本当の意味での心の豊かさと幸せをもたらすでしょう。

おわりに

日本で生まれた内観法は人生を愛と感謝で生きるために、菩薩・吉本伊信を通して一九五〇年代に仏さまより賜わった人類の宝です。以来、臨床の現場では内観療法として、国内外で多くの方たちを幸せへと導いてきました。しかしながら、現代社会は、吉本師が内観を開発された当時より複雑化しています。ＩＴ化が進む中、五感でものごとを捉えることが難しくなり、便利さと引き換えに、他者との繋がりを感じる力が弱くなりました。うつ病やひきこもりが増加の一途をたどるのは、そのせいでしょう。

また、上昇志向の強い人たちは、常に時間に追われ、ストレスにさらされるため、心と体が上手く統合できない憤りを感じています。今、ここの体験に注意を向けて、仕事のパフォーマンスを上げるため、坐禅やマインドフルネスがアメリカのエリート層の間で広まりました。けれど、一瞬の安らぎや気休めではなく、自分の人生から逃げない、人生から深く学ぶことこそが大切ではないでしょうか。

心身めざめ内観は、呼吸法や気功を通じて、心と身体の繋がりを実感し、自らの身体に感謝をするところから始めます。かけがえのないこの身体は、両親やご先祖によって恵まれ、人生を生きるためにいただいたものです。そしてその人生は、決して自分だけで生きられるわけではなく、多くの絆、繋がり、恩恵によってこそ、生かされているのです。その事実に気づかされると、感謝の心しかありません。

愛と慈悲、他者と共存するための智慧、相手の立場になって考える寛容な心、私たちの生命を育む場所を与えてくれている地球への心からの畏敬と感謝の念……。人間は本来、そういったことを学ぶために生まれたのではないでしょうか。これらを学ぶのは容易なことではありません。挫折や苦しみを通してこそ、初めてわかる、培われることがあるでしょう。

今回、この本を手にとって終わりまで読んで下さったあなたに、心から感謝します。そして、もしあなたが苦しみや悩みの最中におられるのであれば、この本が少しでもお役に立つことを心より念じています。

最後に、この本を出版するにあたり、これまでにご縁をいただいた全ての方に深謝の心を捧げます。私を信頼して、これまで内観と心身めざめ内観を研修して下さった皆様、内観学会の先生方、気功の監修をして下さった奈良上眞先生、美しい挿絵を寄贈して下さったハワイのHisae Shouse様、鳥取の光澤寺様、ハワイのリトリートセンターのスタッフの皆様、黒神直也編集長を始めとする佼成出版社の皆様、日本とハワイのファミリーと友人の方々、有難うございました。心より、心より、御礼申し上げます。

どうか、私たち一人ひとりが、愛と感謝でこのいのちを生き抜き、地球を平和と喜びで満たすことができますように……。

二〇一七年　初秋　　波の音に包まれながら　カイルアビーチにて　　千石真理

【注】

（注1）14ページ「ビハーラ」：ビハーラはサンスクリット語で僧院、寺院、休息の場所を意味する。現代医療の現場では、キリスト教のホスピスに対し、仏教の視点で患者やご家族の心のケアに関わる緩和ケア、クリニック、老人ホームでの支援活動を指す。

（注2）31ページ「ホリスティック医療」：患者の体、精神、心、霊性を総合的に癒すことを目的とし、西洋医学のみならず、様々な治療法を選択、統合し、患者に最も適切な治療を行うこと。

（注3）40ページ「ホ・オポノポノ」：ハワイ伝統の祈り、心の洗浄法。本来は主に家族関係の修復のために実践されていたが、現代では個人が「ありがとう」「ごめんなさい」「許して下さい」「愛しています」を繰り返すことにより、潜在意識を変換し、浄化するためにも実践されている。

（注4）』93ページ「教誨師」：矯正施設において受刑者、収容者の精神的、霊性的救済を行う聖職者のこと。

（注5）100ページ「DNA」：DNAはデオキシリボ核酸の略。DNAは人間の約六〇兆の細胞全てに存在し、その情報に基づいて臓器、器官を作っていく体の設計図。DNAは精子と卵子の中にもあり、DNAの情報によって親の外見や特定の病気になりやい等の身体的特徴が決定され、受精を経て子供へと遺伝する。このように、DNAの持つ情報によって子供、子孫へと受け継がれる特徴を遺伝形質といい、遺伝形質を決める因子を遺伝子という。

（注6）114ページ「ダライラマ14世（一九三五〜）」：世界的に著名なチベット仏教最高指導者。一九五九年、チベットが中国に侵略され、インドのダラムサラに亡命。非暴力によるチベット解放闘争と、平和的解決の提唱により一九八九年、ノーベル平和賞を受賞。

（注7）114ページ「マザーテレサ（一九一〇〜九七）」：カトリック教徒の修道女。インド、カルカッタにて「死

を待つ人の家」を設立し、苦しみの中にいる人々に献身的に尽くし、安息をもたらした。一九七九年ノーベル平和賞受賞。

（注8）120ページ「善知識」：人々を仏の道へと誘い、導く人のこと。

（注9）139ページ「無意識」：スイスの精神科医ユングは、人間の心は、物事を考え、判断するなど、意識してコントロールできる領域だけではなく、通常、意識することのできない無意識の影響を強く受けていると考えた。無意識は、個人的無意識と、さらに深い層の集合的無意識に分けられる。個人的無意識は、過去の不快な記憶や気持ちを抑え込み、忘れるなどして、無意識の奥深く閉じ込めたものである。集合的無意識とは、人類の歴史の中で蓄積されたものが遺伝的に継承された領域。民族が異なっても、神話や伝説に共通点が見られる等、全人類に共通する先天的な意識である。ユングは、仏教の世界観を表す曼荼羅と自身の描いた絵に共通点を見出し、東洋哲学の研究にも没頭した。

（注10）155ページ「解脱」：苦しみの輪廻転生の世界から悟りの世界へと脱出すること。

【参考図書】

有田秀穂『「老脳」と心の癒し方』（かんき出版）
池見酉次郎『心療内科』（中公新書）
帯津良一『攻めの養生　老いを楽しく生きる第4巻』（NHKサービスセンター）
川原隆造編著『内観療法の臨床—理論とその応用』（新興医学出版）
千石真理『内観療法によるスピリチュアルケア』「対話・コミュニケーションから学ぶスピリチュアルケア」谷田憲俊、大下大圓、伊藤高章編（診断と治療社）

千石真理『ブータンの宗教―チベット仏教が紡ぎ出す絆とつながりの死生観』（第10次京大ブータン友好訪問団調査報告書　ヒマラヤ学誌）
仙頭正四郎『東洋医学　基本としくみ』（西東社）
竹元隆英『内観と医学』（大和内観研修所）
村上和雄「心の持ち方で、いい遺伝子はオンになる」『ＰＨＰ』二〇一七年一月号（ＰＨＰ研究所）
ライフ・サイエンス研究班編『脳内ホルモンで幸せ気分を手に入れる本』（河出書房新社）

千石真理（せんごく・まり）

心身めざめ内観センター主宰
浄土真宗本願寺派僧侶（布教使）
大阪学院大学国際センター・神戸常盤大学非常勤講師
京都中央仏教学院相談室カウンセラー　保護司
（財）全国青少年協議会臨床仏教研究所特任研究員
日本内観学会常任理事
日本仏教心理学会運営委員
教育学修士号（ハワイ大学）カウンセリング修士号（アリゾナ州フェニックス大学）
医学博士号（鳥取大学医学系研究科精神行動医学分野）
1994 年より約 13 年間、浄土真宗本願寺派開教使として米国ハワイ州に赴任。
僧侶・病院チャプレン・心理カウンセラーとしてハワイで活動。
日米の医療機関でターミナルケア、カウンセリング、内観療法を行う。
京都大学こころの未来研究センターで研究員として内観療法を中心としたストレス軽減法、心身を繋ぐための研究を経て、2014 年、心身めざめ内観センターを設立。現在、日本（鳥取市）とハワイ（ホノルル市）を中心として心身めざめ内観を実施している。

心身めざめ内観センター
http://www.mezame-naikan.com

幸せになるための心身めざめ内観

2017年10月30日　初版第1刷発行

著　者　千石真理
発行者　水野博文
発行所　株式会社佼成出版社
〒166-8535　東京都杉並区和田2-7-1
電話　(03) 5385-2317（編集）
　　　(03) 5385-2323（販売）
URL　http://www.kosei-shuppan.co.jp/

印刷所　小宮山印刷株式会社
製本所　株式会社若林製本工場

ISBN978-4-333-02769-9 C0015